Herbrand **Fit für fremde Kulturen**

Haupt

Frank Herbrand

Fit für fremde Kulturen

Interkulturelles Training
für Führungskräfte

Verlag Paul Haupt
Bern Stuttgart Wien

Die Deutsche Bibliothek – CIP-Einheitsaufnahme:

Herbrand, Frank:
Fit für fremde Kulturen: interkulturelles Training für Führungskräfte / Frank Herbrand. – Bern; Stuttgart; Wien: Haupt, 2002
ISBN 3-258-06429-6

Lektorat: Fabiana Baettig, Bern; Friederike Moldenhauer, Hamburg
Gestaltung und Satz: Atelier Mühlberg, Basel
Umschlagfoto: © imagetop / f1 online

Printed in Germany

http://www.haupt.ch

Inhaltsverzeichnis

Nur ein Vergleich

Ein Mensch hat irgendwann und wo,
Vielleicht im Lande Nirgendwo,
Vergnügt getrunken und geglaubt,
Der Wein sei überall erlaubt.
Doch hat vor des Gesetzes Wucht
Gerettet ihn nur rasche Flucht.
Nunmehr im Land Ixypsilon
Erzählt dem Gastfreund er davon:
Ei, lächelt der, was Du nicht sagst?
Hier darfst Du trinken, was Du magst!
Der Mensch ist bald, vom Weine trunken,
An einem Baume hingesunken.
Wie? brüllte man, welch üble Streiche?
So schändest Du die heilge Eiche?
Er ward, ob des Verbrechens Schwere,
Verdammt fürs Leben zur Galeere
Und kam, entflohn der harten Schule,
Erschöpft ins allerletzte Thule.
Ha! Lacht man dorten, das sind Träume!
Hier kümmert sich kein Mensch um Bäume.
Der Mensch, von Freiheit so begnadet,
Hat sich im nächsten Teich gebadet.
So, heißts, wird Gastfreundschaft missnutzt?
Du hast den Götterteich beschmutzt!
Der Mensch, der drum den Tod erlitten,
Sah: andre Länder, andre Sitten.

(Eugen Roth)

Um die Lesbarkeit des Textes nicht zu erschweren, werden die meisten Personenbenennungen in der männlichen Form gebraucht und sind als Kurzform für beide Geschlechter gedacht.

1 Einleitung

«Choosing not to see cultural diversity limits our ability to manage it – that is, to minimize the problems cultural diversity causes while maximizing the advantages it allows.»[1]

Grenzüberschreitende unternehmerische Initiativen gab es bereits im Mittelalter: Neben ihren Im- und Export-Aktivitäten unterhielten die Fugger zahlreiche Produktionsstätten im Ausland. Und sogar schon einige Jahrhunderte vor ihnen standen Ägypter, Phönizier und Griechen in Handelsbeziehungen zu Angehörigen fremder Kulturen. Allerdings wurden in der Menschheitsgeschichte im Rahmen interkultureller Kontakte immer wieder auch enttäuschende Erfahrungen gemacht. So sind in vielen Ländern noch Erinnerungen an Kolonialismus, imperialistisches Machtstreben und die Dominanz fremder Kulturen lebendig.

Die Weltwirtschaft hat sich im 20. Jahrhundert sowohl quantitativ als auch qualitativ nachhaltig gewandelt. Veränderte Rahmenbedingungen zwingen mehr und mehr Unternehmen zur Internationalisierung ihrer Aktivitäten:

- die zunehmende Verflechtung der Weltwirtschaft
- die Reduktion von Handelsbarrieren
- die wirtschaftliche Integration Europas
- die Liberalisierung von Mittel- und Osteuropa
- die Verlagerung der Wachstumsdynamik in den pazifischen Raum
- die Sättigung von Inlandsmärkten
- der schnelle Transfer und die Entwicklung von Technologien
- die kosten- und zeitgünstige Verfügbarkeit von Ressourcen
- die Möglichkeit, Größenvorteile und Synergien zu realisieren.

Längst beschränken sich die Bestrebungen, Unternehmen zu internationalisieren, nicht mehr auf den Absatz- und Beschaffungsbereich, sondern umfassen sämtliche Aktivitäten der Wertschöpfungskette, beginnend bei Forschung und Entwicklung. Durch grenzüberschreitende Zusammenarbeit oder Fusionen mit ausländischen Partnern, durch Übernahmen von Auslandsgesellschaften oder die Gründung von Niederlassungen im Ausland, um nur einige Beispiele zu nennen, versuchen Unternehmen, im Ausland effizienter zu produzieren, von juristischen und steuerlichen Vorteilen zu profitieren, das Risiko zu streuen und Ähnliches mehr. Unternehmen, die im Ausland präsent sind und mit lokalen Ressourcen produzieren, haben auch Zugang zum jeweiligen Know-how. Sie können davon zugunsten ihres Innovationspotenzials profitieren. Erleichternd kommt hinzu, dass das Internet jederzeit und an jedem Ort Wissen verfügbar macht und die Transport- und Kommunikationskosten in den letzten Jahrzehnten deutlich gesunken sind.

Grenzüberschreitende Aktivitäten werden in zunehmendem Maße zu einem kritischen Erfolgsfaktor. Immer mehr Menschen kooperieren mit Angehörigen fremder Kulturen und agieren damit zwangsläufig in kulturellen Überschneidungssituationen, in denen unterschiedliche Denk- und Verhaltensweisen aufeinandertreffen. Interkulturelle Kontakte ergeben sich unabhängig davon, was für eine Personalpolitik die Unternehmung verfolgt. Interkulturelle Schnittstellen verschwinden nicht, wenn anstelle von *Expatriates* Einheimische (*Locals*) oder Mitarbeiter aus Drittländern (so genannte *Third-country nationals*) eingesetzt werden. Sie werden lediglich verlagert.

Interkulturelle Zusammenarbeit gehört in vielen Unternehmen bereits zum Alltag, und dies nicht mehr nur auf der oberen Führungsebene. Expatriates sind am unmittelbarsten betroffen, weil sie auf Dauer in einer fremden Umwelt leben. Doch auch im Inland beschäftigte Mitarbeiter stehen oft mit Angehörigen anderer Kulturen in Kontakt: in internationalen Gremien oder beim Arbeiten in multikulturellen Teams, aufgrund der kulturellen Vielseitigkeit im eigenen Unternehmen, bei Kontakten mit internationalen Kunden oder aufgrund der Tatsache, dass die moderne Kommunikationstechnik die Interaktion mit ausländischen Kollegen, Partnern und Kunden ermöglicht, ohne die eigene Kultur verlassen zu müssen: beispielsweise mittels Videokonferenzen, E-Mail, Telefon sowie Briefpost und Fax. Auch mittelständische Unternehmen kommen immer weniger umhin, ihre Strategie an den interkulturellen Anforderungen von morgen auszurichten.

Doch zahlreiche grenzüberschreitende Aktivitäten scheitern. Offenbar sind ökonomische Vorteile, guter Wille und beidseitige Offenheit keine hinreichenden Bedingungen für eine erfolgreiche interkulturelle Zusammenarbeit. Für strategische Entscheidungen sind häufig allein fachliche und finanzielle Aspekte ausschlaggebend; Schwierigkeiten, die durch kulturbedingte Unterschiede in den Denk- und Verhaltensweisen der Beteiligten ausgelöst werden können, finden selten angemessene Berücksichtigung.

Während Unternehmen aus westlichen Industriestaaten bei grenzüberschreitenden Aktivitäten bis in die Achtzigerjahre oft kompromisslos eigene Vorstellungen und Praktiken durchsetzen konnten, hat in den Neunzigerjahren eine neue Phase der Internationalisierung begonnen und mit ihr eine neue Qualität interkultureller Zusammenarbeit. Die überlegene Rolle, in der sich westliche Industrieunternehmen lange Zeit sahen, wandelt sich in die eines gleichberechtigten Partners. Voraussetzung für eine erfolgreiche Zusammenarbeit ist in immer stärkerem Maße das gegenseitige Verständnis der Beteiligten. Die Konkurrenzbeziehung zwischen Japan und den USA hat beispielhaft gezeigt, dass Unterschiede in Arbeitsmentalität, Führungsstil und Wertmaßstäben nicht zu einer geringeren Leistungsfähigkeit führen müssen. Im Gegenteil: Während die Weltmarktanteile zahlreicher westlicher Nationen zunehmend schrumpfen, wird die Konkurrenz aus anderen Ländern, vor allem aus Fernost, immer stärker.

Bereits die grenzüberschreitende Zusammenarbeit innerhalb der Europäischen Gemeinschaft erfordert eine Auseinandersetzung mit den landesspezifischen Eigenarten der Nachbarländer. Die historisch gewachsenen Nationen und Kulturen Europas haben neben eigenen Traditionen und Sprachen auch unterschiedliche Lebensstile und wirtschaftliche Rahmenbedingungen hervorgebracht. Dies führt dazu, dass holländische Geschäftsleute am häufigsten Schwierigkeiten im Kontakt mit Japanern und Arabern haben, jedoch schon an dritter Stelle mit Franzosen.

Da unterschiedliche Verhaltensweisen und Erwartungen zu Unsicherheit und unvorhergesehenen Problemen führen, Resultate interkultureller

Zusammenarbeit jedoch immer häufiger über den Erfolg eines Unternehmens entscheiden, kommt kulturellen Unterschieden eine besondere Bedeutung zu. Unternehmen und Führungskräfte, die sich mit zunehmender Komplexität der Entscheidungssituationen konfrontiert sehen und Probleme zu meistern haben, die in national tätigen Unternehmen mit ausschließlich einheimischen Mitarbeitern nicht existieren, benötigen zusätzliche Qualifikationen und Fähigkeiten, um den neuen Anforderungen gerecht zu werden. Seit einigen Jahren liest man daher häufig vom *one-world-* oder *global manager*, dem Idealtypus einer Führungskraft, die in sämtlichen Kulturen der Erde erfolgreich ist, auch wenn über deren besonderen Qualifikationen kaum fundierte Kenntnisse vorhanden sind.

Die Globalisierung der Wirtschaft konfrontiert die Unternehmen also mit zwei Kernproblemen:

- der Bewältigung des erforderlichen Wachstums durch strategische Allianzen, Kooperationen sowie Mergers und Acquisitions, um die kritische Wettbewerbsmasse zu erhalten (äußere Größe, quantitatives Wachstum),
- dem Sicherstellen der Fähigkeit, auf globalen Märkten effektiv und effizient zu agieren (innere Größe, qualitatives Wachstum).

Die Mehrzahl der Unternehmen kann ihrem quantitativen Wachstum nicht oder nicht zeitgerecht mit dem erforderlichen Wachstum an innerer Größe begegnen. Neben technischen, wirtschaftlichen oder wissenschaftlichen Kenntnissen erfordert die Kommunikation und Kooperation mit Menschen anderer Kulturen weitere Kenntnisse und Fähigkeiten, über die Mitarbeiter aufgrund ihrer schulischen und beruflichen Ausbildung meist nicht oder nur unzureichend verfügen. Solange dem Management die Bedeutung des Faktors Kultur und die Notwendigkeit, ihn zu berücksichtigen, in einem internationalen Geschäftsumfeld nicht hinreichend bewusst sind, wird kulturellen Aspekten eine zu geringe Bedeutung beigemessen und werden damit verbundene Probleme einfach ignoriert. Erst allmählich setzt sich in den Unternehmen die Erkenntnis durch, dass die Globalisierung Change-Management-Prozesse erforderlich macht und ein neues Aufgabenfeld der internationalen Personalentwicklung schafft: die Vermittlung von interkultureller Kompetenz. Interkulturelle Kompetenz verbessert die Erfolgschancen interkultureller Zusammenarbeit und reduziert Anlaufschwierigkeiten, Missverständnisse und Fehler. Da sie Wettbewerbsvorteile schafft beziehungsweise Wettbewerbsnachteile verhindert, kommt ihr aufgrund der verschärften weltweiten Konkurrenzsituation als weicher Faktor wachsende Bedeutung zu.

Der traditionelle Auslandseinsatz von Mitarbeitern deckt weder quantitativ noch qualitativ den Bedarf an international erfahrenen, interkulturell kompetenten Führungskräften, und auch jahrelange persönliche Erfahrung in der interkulturellen Zusammenarbeit führt nicht zwangsläufig zu interkultureller Kompetenz. So fehlen an entscheidenden Schlüsselpositionen oft die erforderlichen Personalpotenziale: Unternehmen stoßen auf personelle Restriktionen.

Das vorliegende Buch zeigt die Notwendigkeit interkultureller Kompetenz in einer globalisierten Wirtschaft auf, formuliert Ziele interkultureller Trainingsmaßnahmen und beurteilt Trainingsmethoden hinsichtlich ihres Potenzials zur Erreichung dieser Ziele. Dabei finden auch Ansätze der internationalen Personalentwicklung aus Fernost Berücksichtigung. Zudem werden konkrete Empfehlungen für die inhaltliche, methodische und organisatorische Gestaltung und Umsetzung entsprechender Maßnahmen der Personalentwicklung gegeben. Unternehmen, die auf dem Gebiet der internationalen Personalentwicklung bereits aktiv sind, erhalten eine Möglichkeit zur kritischen Reflexion ihrer Praktiken.

Es ist nicht Ziel dieses Buches, Angaben zu spezifischen Kulturen oder konkrete Empfehlungen für die Zusammenarbeit mit ihren Angehörigen zu machen. Dies würde zum einen den Rahmen sprengen, zum andern soll dies den interkulturellen Trainern als Spezialisten auf diesem Gebiet vorbehalten bleiben.

2 Kultur

2.1 Der Kultur-Begriff

«Vérité en-deça des Pyrénées, erreur au delà.»
(Blaise Pascal, Pensées)

Unter Kultur wird ein System kollektiver Werte und Normen verstanden, das im Rahmen der Sozialisation von den Mitgliedern einer sozialen Gruppe, bewusst oder unbewusst, von jeder Generation erneut erlernt und verinnerlicht wird. Werte stellen Auffassungen vom Wünschenswerten dar, die das menschliche Denken, Werten und Handeln beeinflussen; Normen sind auf diesen Werten beruhende, verallgemeinerte Verhaltensmuster für spezifische Situationen.

Kultur ist somit ein Orientierungssystem, das innerhalb der Gruppe eine reibungslose und effektive Interaktion, Kooperation und Kommunikation erlaubt und es ermöglicht, das Verhalten und die Reaktionen anderer Gruppenmitglieder vorherzusehen. Es bietet Handlungsmöglichkeiten und -anreize, setzt aber auch Bedingungen für und Grenzen von Handlungen. Kultur hat für die Mitglieder einer Gruppe nicht nur eine orientierende, sinngebende und identitätsstiftende Funktion, sondern grenzt diese zugleich von anderen sozialen Gruppen ab.

Kulturelle Unterschiede äußern sich

- in unterschiedlichen Werten und Normen
- in der unterschiedlichen Priorität gleicher Werte und Normen
- in unterschiedlichen Verhaltens- und Handlungsweisen.

Eine fremde Kultur präsentiert sich dem Menschen wie ein Eisberg: Nur ein kleiner Teil ist der menschlichen Wahrnehmung zugänglich. Es handelt sich um sichtbare Äußerungen einer Kultur wie beispielsweise die Verhaltensweisen ihrer Mitglieder oder die Architektur. Der unsichtbare Bereich umfasst die Werte und Normen, die das menschliche Denken und Handeln in dieser Kultur bestimmen.

2.2 Enkulturation und Sozialisation

Jeder neugeborene Mensch erblickt das Licht dieser Welt völlig kulturlos. Er wächst jedoch in die Strukturen einer spezifischen Kultur hinein (Enkulturation) und erwirbt im Verlauf seiner Sozialisation die für ein Leben in seiner Gesellschaft relevanten Denk- und Verhaltensweisen. So entwickelt er ein kulturspezifisches Orientierungssystem, das das Zusammenleben innerhalb seiner Kultur zwar erleichtert (man kann davon ausgehen, dass die Interaktionspartner ein ähnliches Orientierungssystem entwickelt haben), im Umgang mit Menschen aus anderen Kulturkreisen jedoch zu Missverständnissen und Konflikten führen kann. In einer fremden Kultur muss der Mensch erst wieder die einfachsten Dinge lernen. Er wird mental in seine Kindheit zurückversetzt.

Eine nationale, beispielsweise die deutsche, oder eine ethnische, zum Beispiel die arabische, Kultur stellt kein homogenes Gebilde dar, sondern besteht in der Regel aus verschiedenen Subkulturen wie Norddeutschland, Rheinland und Bayern oder Deutsch-Schweiz, West-Schweiz und Tessin. Diese umfassen jedoch trotz spezifischer Unterschiede stets einen gemeinsamen Kern an Weltbildern, Werten, Normen und Handlungsmustern, der ihre Zugehörigkeit zu einer bestimmten Kultur ausweist. Ähnliches gilt für Unternehmenskulturen. Sie reflektieren die sie umgebenden nationalen oder ethnischen Kulturen und können als Subkulturen derselben aufgefasst werden. Verschiedene Untersuchungen haben gezeigt, dass Mitarbeiter in Stress- und Unsicherheitssituationen auf landeskulturelle Verhaltensmuster zurückgreifen. Offenbar sind diese stärker als unternehmenskulturelle Werte. Leider hat die intensive Unternehmenskultur-Diskussion dazu geführt, dass die Relevanz nationaler Kultureinflüsse in der Literatur vernachlässigt wurde.

2.3 Kultur und Management

«The idea of a corporate global village where a common culture of management unifies the practice of business around the world is more dream than reality.»[2]

Die systematische Beschäftigung mit kulturbedingten Unterschieden im Management begann im Jahre 1966, als Haire, Ghiselli und Porter das Buch *Managerial Thinking – An International Study* veröffentlichten. Angesichts des wirtschaftlichen Aufschwungs der USA vor und nach dem Zweiten Weltkrieg glaubte man vielerorts, die amerikanischen Theorien über Management seien die besten. Bei der unreflektierten Übernahme dieser Theorien ließ man jedoch die spezifischen Eigenschaften der US-amerikanischen Gesellschaft gänzlich außer Acht, die die Entstehung und den Erfolg dieser Theorien erst ermöglichten. Bezüglich der Übertragbarkeit von Managementtheorien und -techniken auf andere Kulturen entstand eine Kontroverse, die auch als «Kulturisten/Universalisten-Debatte» bezeichnet wird.

Die Universalisten sind der Überzeugung, dass Managementtheorien, unabhängig vom kulturellen Umfeld, universale Gültigkeit haben und Management kulturinvariant ist. Zu beobachtende Unterschiede führen sie auf unterschiedliche Entwicklungsstadien der jeweiligen Volkswirtschaft zurück. Sie gehen von einem zunehmenden Abbau kultureller Unterschiede und einer wachsenden Ähnlichkeit der verschiedenen Kulturen aus. Maßgeblich beeinflußt wurde die Entstehung dieser Kulturkonvergenztheorie durch die Internationalisierung amerikanischer Unternehmen.

Die Kulturisten vertreten die Ansicht, dass die existierenden Managementtheorien und -instrumente kulturgebunden und somit nicht ohne weiteres auf andere Kulturen mit anderen Wertvorstellungen und Verhaltensnormen übertragbar sind. Management wird als Funktion der Kultur gesehen. Unterschiedliche Kulturen mit ihren unterschiedlichen Motiven und Einstellungen verlangen von einer Führungskraft daher zwangsläufig kulturspezifische Managementpraktiken. Im Gegensatz zu den Universalisten gehen die Kulturisten von einer Kulturdivergenz aus.

Die Debatte zwischen Kulturisten und Universalisten erfordert jedoch eine differenziertere Betrachtung. Die Mehrzahl der Studien, die eine Kultur-Konvergenz feststellten, konzentrierte sich auf Aspekte wie Struktur und Technologie einer Unternehmung. Untersuchungen hingegen, die das menschliche Verhalten in Organisationen zum Gegenstand hatten, konstatierten mehrheitlich eine Divergenz.

In der Tat gibt es wenig Indizien für die Annäherung der Nationalkulturen. Im Gegenteil: Ein zunehmendes Bedürfnis nach nationaler und kultureller Identität und Abgrenzung ist festzustellen. Dies trifft zum Beispiel für den Nationalismus ehemaliger Kolonialländer, das Selbstständigkeitsstreben integrierter Kulturvölker wie Basken, Korsen, Schotten, Walliser und das zunehmende Selbstbewusstsein regionaler Kulturgruppen zu, das sich unter anderem in der Pflege von Mundart und Bräuchen äußert. Kulturelle Unterschiede nehmen vielerorts sogar innerhalb der Landesgrenzen zu, ethnische Gruppen fordern politische Anerkennung.

Auch die von FAYERWEATHER 1969 diskutierte Hypothese von der Internationalisierung als einem Prozess der Unifikation erwies sich als nur teilweise haltbar. Zahlreiche Aspekte des Führungs- und Arbeitsverhaltens erfordern eine differenzierte, kulturspezifische Handhabung (*fragmentation*), wie die folgenden Beispiele zeigen:

- Deutsche Mitarbeiter bevorzugen beratende Entscheidungsformen, während Mitarbeiter aus dem asiatischen Raum für einen autoritären Führungsstil charakteristische Entscheidungsformen vorziehen und patriarchalisches Verhalten des Vorgesetzten erwarten. Ein partizipativer Führungsstil birgt in Kulturen mit ausgeprägter Machtdistanz die Gefahr, von anderen als ein Nichtwahrnehmen der Führungsverantwortung aufgefasst zu werden. Dies kann zu kontraproduktiven Ergebnissen führen wie sinkender Leistungsbereitschaft, erhöhter Fluktuation oder verringertem Vertrauen in die Führung.
- Bei Fragen der Organisation müssen soziale Normen der fremden Kultur beachtet werden, auch wenn diese den eigenen kulturellen Gewohnheiten nicht entsprechen. So können in asiatischen Kulturen neu geschaffene Hierarchien soziale Tabus verletzen, beispielsweise wenn ein Älterer einem Jüngeren, ein Mann einer Frau, das Mitglied eines Stammes dem Mitglied eines anderen oder der Angehörige einer höheren Kaste dem einer niedrigeren organisatorisch untergeordnet werden.

– In westlichen Kulturen streben die Menschen nach Entfaltung ihrer Potenziale, nach Verantwortung und Selbstverwirklichung. Dem entsprechende Belohnungs- und Anreizsysteme sowie Freiräume zur Entfaltung motivieren. In Südostasien hingegen verstehen sich Unternehmen als große Familien, deren Mitglieder von erfahreneren, älteren Mitgliedern angeleitet werden. Die Gemeinschaft hat stets Vorrang vor individuellen Interessen, der Vorgesetzte fühlt sich für das Wohlergehen der Gruppe verantwortlich.

Je größer die subjektiv wahrgenommene Diskrepanz zwischen angebotenem und erwartetem Führungsverhalten ist, desto höher ist die Wahrscheinlichkeit von Konflikten und Effizienzverlusten und desto geringer ist die Zufriedenheit, Motivation und Leistungsbereitschaft der Mitarbeiterinnen und Mitarbeiter. Die Effizienz eines konkreten Führungsstils hängt somit maßgeblich von den kulturell geprägten Erwartungen der Mitarbeiter ab. Bereitschaft und Fähigkeit zur Flexibilität bei Führungskräften wie bei Mitarbeitern erhöhen die Chancen einer erfolgreichen interkulturellen Zusammenarbeit und ermöglichen synergetische Neudefinitionen der Führungsrolle und -funktionen.

Fazit

Während technische Aspekte der Unternehmensführung wie strategische Methoden, Planungs- und Kontrollverfahren, Investitionsrechnungen und Methoden der Arbeitsorganisation von soziokulturellen Faktoren weitgehend unbeeinflusst sind, unterliegen verhaltensbezogene Aspekte der Führung einem maßgeblichen Einfluss durch die jeweilige Landeskultur.

2.4 Hofstedes Kultur-Modell

Hofstedes Untersuchungen sind die wohl aufwändigsten und anerkanntesten der kulturvergleichenden Management-Forschung. Sie liefern einen wissenschaftlichen Beleg für die Existenz kulturbedingter Unterschiede im Management-Verhalten.

Hofstedes Kultur-Modell entstand aus drei Forschungsprojekten. Im Rahmen einer weltweiten Untersuchung wurden zunächst über 116'000 Fragebögen ausgewertet, die Mitarbeiter des IBM-Konzerns in 64 Ländern beantwortet hatten. Hofstede fand heraus, dass Unterschiede zwischen nationalen Kulturen auf vier Faktoren zurückgeführt werden können. Diese vier Dimensionen umfassen arbeitsbezogene Werte und menschliches Verhalten in Organisationen. Aufgrund von zwei weiteren Untersuchungen wurde die Theorie später um eine weitere Dimension, die besonders in östlichen Kulturen relevant ist, erweitert.

Für die fünf Dimensionen liegen die durchschnittlichen Ausprägungen von fünfzig Ländern und drei Regionen auf einer Skala von 0 bis 100 vor. Die Skalenwerte lassen kulturspezifische Aussagen über Führungsstile, Kommunikationsmuster, Konfliktverhalten, Personalentwicklung, Organisationsstrukturen oder Entscheidungsprozesse zu.

Im Folgenden werden die fünf Dimensionen des Modells näher erläutert. Bei den Beispielen für unterschiedliche Werthaltungen handelt es sich um polarisierende Aussagen; die meisten Kulturen liegen in ihren Ausprägungen zwischen den Extremen.

Machtdistanz

Machtdistanz kann definiert werden als das Maß an Bereitschaft, ungleiche Machtverteilung in einer Gesellschaft oder Organisation hinzunehmen beziehungsweise zu erwarten.

In Gesellschaften mit geringer Machtdistanz ist die emotionale Distanz zwischen Mitarbeiter und Vorgesetztem gering. Die Abhängigkeit vom Vorgesetzten ist begrenzt und ein konsultativer Führungsstil wird bevorzugt. Der Vorgesetzte ist für seine Mitarbeiter immer ansprechbar, und diese trauen sich auch, ihm zu widersprechen.

In Gesellschaften mit großer Machtdistanz sehen sich Vorgesetzte und Mitarbeiter als von Natur aus mit ungleichen Rechten ausgestattet. Auf dieser Einstellung basiert auch die hierarchische Ordnung im Unternehmen. Die Macht konzentriert sich auf wenige Personen, die ihren Mitarbeitern klare Anweisungen erteilen, was sie zu tun haben. Die Abhängigkeit eines Mitarbeiters von seinem Vorgesetzten ist üblich, der ideale Chef ist ein wohlwollender Autokrat. Der Einsatz von Macht muss durch ein Gespür für Verpflichtungen gemäßigt werden.

Viele der in den USA entwickelten demokratischen Führungsstrategien setzen eine Form des Verhandelns zwischen Mitarbeitern und Vorgesetzten voraus. Mit einem *management by objectives* würde sich in Gesellschaften mit großer Machtdistanz jedoch keiner der Beteiligten wohl fühlen.

Individualismus versus Kollektivismus

Die Dimension Individualismus/Kollektivismus beschreibt den Integrationsgrad von Individuen in Gruppen.

In individualistischen Gesellschaften sind die Bindungen zwischen den Individuen locker, jeder sorgt für sich selbst und seine unmittelbare Familie. In kollektivistischen Gesellschaften ist der Mensch von Geburt an in starke, geschlossene Gruppen (*in-groups*) integriert, die die Hauptquelle seiner Identität bilden, ihn ein Leben lang gegen die Gefahren des Lebens schützen und dafür bedingungslose Loyalität verlangen. Das Abhängigkeitsverhältnis zwischen dem Einzelnen und seiner Gruppe hat sowohl praktischen als auch psychologischen Charakter. *«Collectivism does not mean a negation of the individual's well-being or interest; it is implicitly assumed that maintaining the group's well-being is the best guarantee for the individual.»*[3] Auch die Beziehung zwischen Arbeitgeber und Arbeitnehmer wird als eine moralische angesehen, die einer familiären Beziehung mit beiderseitigen Verpflichtungen ähnelt, das heißt Schutz gewährt und Loyalität fordert. In individualistischen Gesellschaften stellt die Beziehung zwischen Arbeitgeber und Arbeitnehmer eine berechenbare Beziehung zwischen Teilnehmern auf dem Arbeitsmarkt dar, bei der schlechte Leistungen des Arbeitnehmers oder ein attraktiveres Angebot eines anderen Arbeitgebers legitime und sozial akzeptierte Kündigungsgründe sind.

In kollektivistischen Gesellschaften gilt es als unmoralisch, die Angehörigen seiner Gruppe nicht besser zu behandeln als andere. Das Prinzip der Reziprozität im Sinne eines Gebots der gegenseitigen Hilfeleistung hat zur Folge, dass viele Unternehmen vorzugsweise Verwandte einstellen. *«Die Einstellung von Personen aus einer Familie, die man kennt, ist mit geringerem Risiko verbunden. Auch sind Verwandte um den Ruf der Familie besorgt und werden dazu beitragen, Fehlverhalten eines Familienangehörigen zu korrigieren.»*[4] In der Soziologie wird diese Norm als Partikularismus bezeichnet. In individualistischen Gesellschaften hingegen gelten universalistische Normen: Jeder Mensch ist gleich zu behandeln, Vetternwirtschaft und familiäre Beziehungen im Unternehmen sind eher unerwünscht. Eine weitere Konsequenz des partikularistischen Denkens ist, dass in einer kollektivistischen Gesellschaft vor dem Eingehen einer Geschäftsbeziehung zunächst ein Vertrauensverhältnis zu einem anderen Menschen aufgebaut werden sollte. *«Für die kollektivistische Denkweise sind nur natürliche Personen vertrauenswürdig, und über diese Personen auch deren Freunde und Kollegen, aber nicht unpersönliche Rechtskörperschaften wie ein Unternehmen.»*[5]

In individualistischen Kulturen wird von einem aufrichtigen Menschen erwartet, dass er offen sagt, was er denkt; Konfrontation wird als nützlich angesehen, wenn das Aufeinanderprallen von Meinungen zu einer objektiveren Wahrheit führt. In kollektivistischen Kulturen hingegen ist das Bewahren von Harmonie eine der wichtigsten Tugenden. Direkte Konfrontation mit einer anderen Person gilt als unhöflich und unerwünscht.

Maskulinität versus Feminität

In maskulinen Gesellschaften sind die Rollen der Geschlechter klar gegeneinander abgegrenzt: *«Männer haben bestimmt, hart und materiell orientiert zu sein, Frauen müssen bescheidener, sensibler sein und Wert auf Lebensqualität legen.»*[6] In femininen Gesellschaften hingegen überschneiden sich die Rollen der Geschlechter.

In maskulinen Kulturen wird das Beilegen von Konflikten durch einen fairen Kampf bevorzugt, während man in femininen Kulturen Konflikte löst, indem man nach einem Kompromiss sucht und miteinander verhandelt.

In einer maskulinen Kultur sollte eine humane Arbeit Möglichkeiten für Anerkennung, Beförderung und Herausforderung bieten im Sinne eines *job enrichment*, in femininen Kulturen hingegen mehr Gelegenheit zu gegenseitiger Hilfe und sozialen Kontakten.

Das bestimmte, entschlussfreudige und aggressive Auftreten einer Führungskraft wird in maskulinen Kulturen geschätzt, würde in einer femininen Gesellschaft jedoch negativ aufgenommen. Lediglich maskuline Gesellschaften messen dem Wort «aggressiv» eine positive Bedeutung bei.

Unsicherheitsvermeidung

Die vierte Dimension bezieht sich auf die Toleranz einer Gesellschaft hinsichtlich Ungewissheit und Ambiguität. Sie läßt sich definieren als der Grad, in dem die Mitglieder einer Kultur sich durch ungewisse oder unbekannte Situationen bedroht fühlen.[7] Sie bestimmt, wie stark neuartige, unbekannte Situationen als bedrohlich und gefährlich empfunden und in welchem Ausmaß Absicherungen vor dem Unbekannten gefordert werden.

In Gesellschaften mit starker Unsicherheitsvermeidung besteht ein Bedürfnis nach geschriebenen und ungeschriebenen Regeln, dem mit zahlreichen formellen Gesetzen und informellen Regeln für die verschiedensten Lebensbereiche entsprochen wird. Am Arbeitsplatz gibt es neben klar formulierten Rechten und Pflichten von Arbeitgeber und Arbeitnehmer viele interne Regeln und Vorschriften, die den Arbeitsablauf bestimmen, selbst ineffektive Regeln befriedigen das emotionale Bedürfnis der Menschen nach formellen Strukturen. Für Kulturen mit schwacher Unsicherheitsvermeidung ist hingegen ein Widerwillen gegen formelle Regeln charakteristisch, flexible Strukturen sind ein Anzeichen für geringe Aversion gegen Risiken.

Deutschland beispielsweise hat Notstandsgesetze für den Fall, dass alle anderen Gesetze nicht mehr durchsetzbar sind, während es in Großbritannien nicht einmal eine schriftliche Verfassung gibt. Japan passt nicht in diese Klassifikation, da es kaum formelle Gesetze und Regeln nach westlichem Muster hat. Regeln sind hier eher implizit und informell, dennoch sehr streng. Im Hinblick auf die Öffnung Japans für westliche Produkte führt dies häufig zu Problemen. Während auf japanischer Seite zu Recht argumentiert wird, dass die Einfuhr ausländischer Erzeugnisse durch keine formalen Regeln behindert wird, scheitern viele westliche Exporteure an den impliziten Regeln des japanischen Handelssystems. Angehörigen von Gesellschaften mit starker Tendenz zur Unsicherheitsvermeidung, die das, was anders ist, als gefährlich empfinden, fällt es tendenziell schwerer, mit Menschen aus anderen Kulturen zusammenzuarbeiten.

Für Fragen der Unternehmensorganisation sind insbesondere die Dimensionen Machtdistanz und Unsicherheitsvermeidung relevant, während die Dimensionen Individualität und Maskulinität eher die Einstellung zum Thema «der Mensch in der Organisation» betreffen.

Kurzfristige versus langfristige Orientierung

Die fünfte Dimension beschreibt den Grad, in dem eine Gesellschaft eine pragmatisch-zukunftsorientierte Grundhaltung gegenüber einer dogmatisch-gegenwartsbezogenen Perspektive aufweist.[8] Da die praktischen Auswirkungen von Unterschieden bezüglich dieser Dimension noch erforscht werden, liegen bislang keine wissenschaftlich abgesicherten Ergebnisse vor, die für Unternehmen Konsequenzen hätten und die im Rahmen dieses Buches von Interesse wären.

Tabelle 1 zeigt die Werte aller fünf Dimensionen für die Schweiz, für Deutschland, Japan, Südkorea und die USA. Sie verdeutlichen die unterschiedlichen Kulturdistanzen, den Grad der Unterschiedlichkeit, zwischen den betrachteten Ländern.

Umstritten ist, ob für erfolgreiche interkulturelle Zusammenarbeit große oder kleine Differenzen zwischen den Kulturen problematischer sind.

Tabelle 1 Werte der Schweiz, Deutschlands, Japans, Südkoreas und der USA in den fünf Kulturdimensionen nach Hofstede[9]

	Werte					
	PDI	IDV	MAS	UAI	LTO	PDI = Machtdistanz
Schweiz	34	68	70	58	n. v.	IDV = Individualismus
Deutschland	35	67	66	65	31	MAS = Maskulinität
Japan	54	46	95	92	80	UAI = Unsicherheitsvermeidung
Südkorea	60	18	39	85	75	LTO = langfristige Orientierung
USA	40	91	62	46	29	

0 = geringste Ausprägung, 100 = höchste Ausprägung

2.5 Der Mensch im Umfeld einer fremden Kultur

Dieser Abschnitt geht zunächst der Frage nach, wie Individuen auf andere Lebens- und Arbeitsbedingungen in einer fremden Kultur reagieren und welche Anpassungsprozesse ablaufen. In einem nächsten Schritt erfolgt eine Einführung in das Konzept der interkulturellen Kompetenz, die Mitarbeiterinnen und Mitarbeiter für Aufgaben interkultureller Zusammenarbeit qualifizieren soll. Im Rahmen der Überlegung, wie interkulturelle Kompetenz entwickelt werden kann, wird auf die Fähigkeit des Menschen zum interkulturellen Lernen und schließlich auf die Idee des interkulturellen Trainings eingegangen.

Verhaltensstrategien

Wenn der Mensch die eigene Kultur verlässt und sich in eine fremde Kultur begibt, kann er verschiedene Verhaltensstrategien verfolgen. Es mangelt zwar an einer einheitlichen Begriffsverwendung, doch werden im Allgemeinen sechs Verhaltensstrategien differenziert, die als Reaktion auf die vielfältigen physischen und psychischen Anforderungen einer fremden Kultur ergriffen werden können.

- *Verzicht auf eine Verhaltensanpassung*
  Durch einen Verzicht auf Anpassung kann den Stereotypen des Interaktionspartners entsprochen werden. Dieser kann die Verhaltensweisen seines Gegenübers vorhersehen und gezielt kulturbedingte Unterschiede berücksichtigen. Da Stereotypen jedoch häufig unzutreffend sind oder nicht der Realität entsprechen, ist grundsätzlich mit Missverständnissen und Kommunikationsproblemen zu rechnen.

- *Dominanz*
  Der Mitarbeiter akzeptiert die neue Kultur nicht, sondern versucht, den Angehörigen der fremden Kultur die ihm vertrauten Verhaltensweisen und Arbeitsmethoden aufzuzwingen, die er als überlegen betrachtet. Sein Anliegen ist es, die Fremden «zum Besseren zu bekehren». Denk- und Verhaltensweisen sind jedoch Elemente eines kulturellen Konzeptes und stehen in einem logischen Gesamtzusammenhang, können daher nicht isoliert verändert werden. Ablehnung und Widerstand der Einheimischen sind vorprogrammiert.

- *Flucht*
  Die fremde Kultur und deren Angehörige werden weitgehend gemieden und für alle auftretenden Schwierigkeiten verantwortlich gemacht. Der Mitarbeiter versucht, sich in der Fremde ein Stück vertraute Umwelt aufzubauen. Häufig geschieht dies durch den Anschluss an Clubs, in denen vorwiegend eigene Landsleute verkehren, die soziale Unterstützung bieten.

- *Substanzielle Anpassung*
  Der Mitarbeiter ist bemüht, sich schnell und intensiv an die neue Kultur anzupassen und diese möglichst ganz zu übernehmen. Eine substanzielle Anpassung im Sinne eines *going native* kann zu negativen oder gar ablehnenden Reaktionen der Einheimischen führen, wenn sie so aufgefasst wird, dass der fremde Kollege sich Akzeptanz erschleichen oder sich anbiedern will. «*Expatriate Westerners who have tried to become Japanese have experienced a loss of status. When people give up their Western citizenship, they lose what makes them appealing to the Japanese.*»[10] Bei der Aufgabe der eigenen Werte drohen einerseits Au-

thentizitätsprobleme in der Kommunikation mit anderen, andererseits Entfremdung und der Verlust des Identitätsgefühls. Es ist jedoch gerade die eigene Identität, die ein Gefühl von Sicherheit vermittelt, mit dem es gelingt, anderen Kulturen offen gegenüber zu treten. Darüber hinaus reduziert eine weitgehende Adaption des Mitarbeiters an die fremde Kultur die Chancen einer raschen Reintegration nach seiner Rückkehr erheblich. Es ist zu berücksichtigen, dass möglicherweise auch der Interaktionspartner sein Verhalten modifiziert und sich den Verhaltensnormen seines Gegenübers anpasst. Im Extremfall resultiert eine beidseitige Adaption an die jeweils fremde Kultur in einem Rollentausch.

- *Integration*
  Der Mitarbeiter passt sich an die neue kulturelle Umwelt an, gibt dabei jedoch weder seine eigene Kultur auf, noch verliert er die Unternehmensziele aus den Augen. Eine Integration ermöglicht ihm persönliches Wohlbefinden und erfolgreiche Interaktion mit Angehörigen der fremden Kultur und damit letztlich eine persönliche Bereicherung durch die interkulturelle Zusammenarbeit.

- *Einsatz von Verhaltensweisen einer Drittkultur*
  Denkbar ist jedoch auch, daß ein Interaktionspartner Vorgehens- und Verhaltensweisen aus einer Drittkultur praktiziert. Dies ist beispielsweise der Fall, wenn ein Russe in der Interaktion mit einem deutschen Partner einen amerikanischen Verhandlungsstil anwendet.

Die grundsätzliche Suche nach dem kleinsten gemeinsamen Nenner im Sinne eines Kompromisses oder der Abbruch der Zusammenarbeit durch einen oder mehrere der Beteiligten stellen weitere Verhaltensalternativen dar.

Obwohl die Effekte der unterschiedlichen Verhaltensstrategien in der interkulturellen Interaktion bisher kaum empirisch untersucht wurden, ist davon auszugehen, dass die für alle Beteiligten erfolgversprechendste Verhaltensstrategie die Integration ist. Sie ermöglicht ein Nebeneinander der eigenen und der fremden Kultur. Der Mitarbeiter ist in der Lage, die fremde Umwelt wie ein Einheimischer wahrzunehmen, zu interpretieren und entsprechend zu handeln.

ENDRUWEIT bezeichnet eine temporäre, partielle und reversible Integration in einen fremden soziokulturellen Kontext, bei der der Mitarbeiter seiner eigenen Kultur verpflichtet bleibt, je nach Situation jedoch auch den Anforderungen der fremden Kultur entsprechen kann, als Interkulturation.[11] Eine solche moderate Anpassung zeugt von Respekt und Sensibilität für die fremde Kultur und fördert das Vertrauen zwischen den Interaktionspartnern.

Anpassungsprozess

Während die zuvor beschriebenen Verhaltensstrategien grundsätzliche Verhaltensalternativen in einem fremdkulturellen Umfeld darstellen, versuchen Phasenmodelle und Anpassungskurven, den Anpassungsprozess von Individuen an eine fremde Kultur zu beschreiben und zu erklären. Zu den bekannteren zählt das Stufenmodell von OBERG (vgl. Abbildung 1) und das Modell der interkulturellen Anpassung von GROVE und TORBIÖRN.

Oberg differenziert vier aufeinanderfolgende Phasen. Die *Honeymoon*-Phase ist gekennzeichnet durch den Reiz des Neuen: Der Mitarbeiter ist von der fremden Kultur fasziniert. Doch nach den ersten Wochen oder Monaten in der fremden Kultur werden auch die negativen Konsequenzen kultureller Unterschiede deutlich, Probleme und Konflikte nehmen zu und scheinen unüberwindlich (*Crisis*-Phase oder Kulturschock-Phase). Die Person glaubt, Angehörige der fremden Kultur weder zu verstehen noch von ihnen verstanden zu werden und erkennt, dass die ihm vertrauten Werte nicht mehr als einziger Maßstab dienen können. Das Vertrauen in die Selbstverständlichkeiten der eigenen Kultur ist erschüttert. Erschwe-

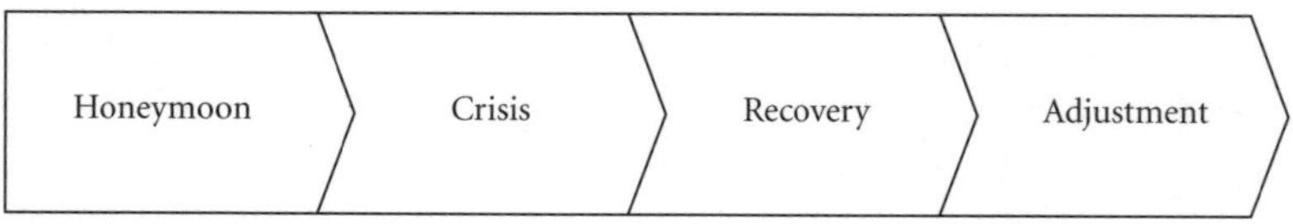

Abbildung 1 Das Stufenmodell der Anpassung von Oberg[12]

rend kommt möglicherweise hinzu, dass die fremden Verhaltensweisen den eigenen Normen und Werten widersprechen. Erst allmählich findet sich der Mitarbeiter im neuen Umfeld zurecht und findet seine psychische Stabilität wieder (*Recovery*-Phase). Schließlich, in der Phase des *Adjustment*, akzeptiert der Mitarbeiter sein Umfeld so, wie es ist, und ist in der Lage, konstruktiv mit kulturbedingten Unterschieden umzugehen.

Grove und Torbiörn berücksichtigen in ihrem Modell drei psychologische Konstrukte, die die Anpassung eines Menschen in einer fremden Kultur beeinflussen: Orientierungsklarheit, Verhaltensangemessenheit und Mindestanspruchsniveau (vgl. Abbildung 2). Ausschlaggebend ist jeweils die subjektive Einschätzung dieser Größen durch den Betroffenen. Er empfindet seine Orientierungsklarheit und Verhaltensangemessenheit als befriedigend, wenn sie über seinem individuellen Mindestanspruchsniveau liegen.

- *Phase I*
  In Phase I, die mit Obergs Honeymoon-Phase vergleichbar ist, orientiert sich der Mensch noch an den Werten und Vorgehensweisen aus seiner Heimatkultur. Er nimmt zwar wahr, dass seine Verhaltensweisen unangemessen sind, es bedarf jedoch wiederholter Misserfolgserlebnisse, bis Zweifel an der eigenen Orientierungsklarheit aufkommen.

- *Phase II*
  In Phase II unterschreiten sowohl Orientierungsklarheit als auch Verhaltensangemessenheit deutlich das Mindestanspruchsniveau. Die Orientierungsklarheit nähert sich einem Tiefpunkt, der Mensch erlebt einen Kulturschock. Orientierungslosigkeit tritt ein, wenn die erlernte kognitive Struktur nicht mehr zu den aktuellen Ereignissen passt und der Verlauf des Geschehens sowie das Verhalten von Mitmenschen nur noch eingeschränkt antizipiert werden können.
  Erst allmählich beginnt die Person, Zusammenhänge und Prinzipien der fremden Kultur zu erkennen. Aufgrund von Lerneffekten nimmt seine Verhaltensangemessenheit während dieser Phase zunächst langsam, dann jedoch immer rascher zu.

- *Phasen III und IV*
  In Phase III ist der Kulturschock überwunden. Die Verhaltensangemessenheit übersteigt bereits das Mindestanspruchsniveau, der Aufbau eines neuen Orientierungssystems schreitet voran. Erst in Phase IV liegen sowohl Orientierungsklarheit als auch Verhaltensangemessenheit deutlich über dem Mindestanspruchsniveau, die Person hat ihre subjektive Sicherheit wiedererlangt.

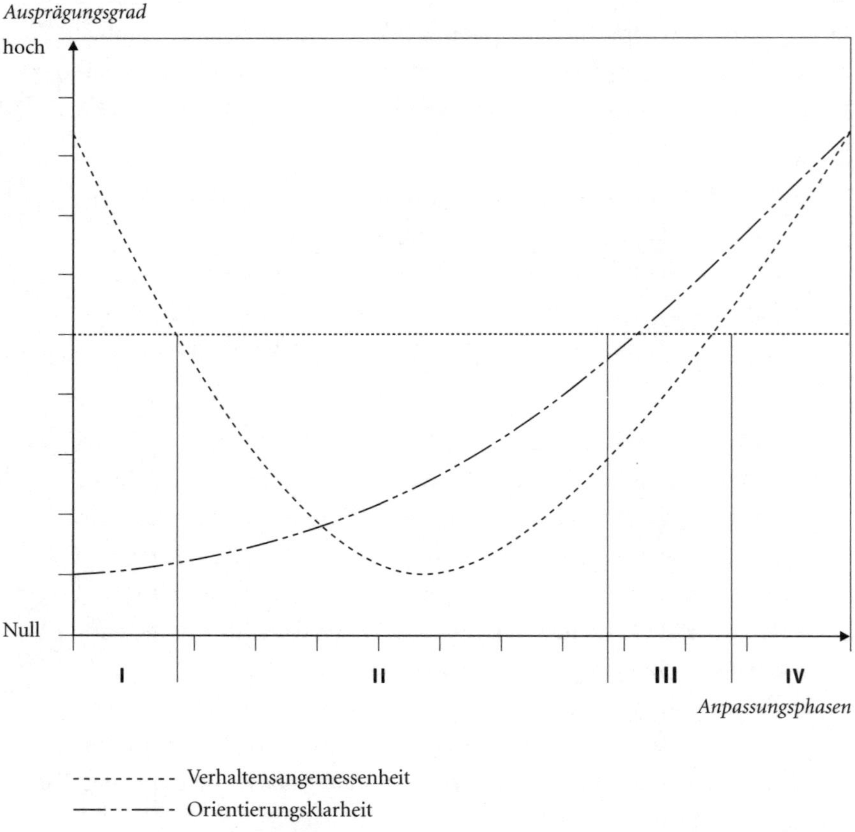

Abbildung 2 Das Modell der interkulturellen Anpassung von Grove/Torbiörn[13]

In beiden Modellen ist die kritischste Phase des Anpassungsprozesses die des Kulturschocks. Der Begriff führt jedoch häufig zu Missverständnissen. Während «Schock» im allgemeinen eine plötzlich eintretende, heftige Reaktion auf ein überwältigendes Ereignis bezeichnet, geht es beim Kulturschock um langfristige, subtile Veränderungen der Persönlichkeit als Folge der Auseinandersetzung mit einer fremden Kultur. Erst wenn der Mitarbeiter imstande ist, mit den Besonderheiten der fremden Kultur konstruktiv umzugehen, kann er wieder seine gewohnte Arbeitsleistung erreichen. Ein Kulturschock droht nicht nur dem Mitarbeiter, sondern auch mitreisenden (Ehe-)Partnern und Kindern. Symptome, Dauer und Intensität können von Individuum zu Individuum erheblich variieren. Während viele Mitarbeiter Orientierungs- und Hilflosigkeit empfinden, die bis zu einer Bedrohung der eigenen Identität führen können, reagieren andere Mitarbeiter mit Gefühlen von Isolation und mit Heimweh. Wieder andere klagen über psychosomatische Symptome wie Niedergeschlagenheit und Apathie oder über den Rückgang ihrer Spontaneität und Lebensfreude. Auch Wut auf die Angehörigen der fremden Kultur und permanentes Misstrauen diesen gegenüber sind zu beobachten. Die Unterschiedlichkeit des Kulturschocks wird durch individuelle Persönlichkeitsmerkmale und situative Faktoren beeinflusst. Kulturschocksymptome können nicht nur im Rahmen von Auslandsaufenthalten, sondern auch bei Ortswechseln innerhalb der eigenen Kultur auftreten.

Ein Kulturschock ist nicht als Störung zu betrachten, die es möglichst zu vermeiden gilt, sondern als eine Phase, die jeder Mitarbeiter durchleben muss, der erfolgreich in einem fremdkulturellen Umfeld tätig sein will. Es gilt, den Kulturschock als Quelle für persönliches Wachstum zu nutzen. Verschiedene Studien stellen fest, dass jene Mitarbeiter am effektivsten ihren Arbeitsauftrag erfüllten, die den intensivsten Kulturschock erlebt hatten. Offenbar führt das erfolgreiche Durchleben eines Kulturschocks zu einer grundlegenden Verhaltensänderung, die von den Betroffenen als bereichernd und eindeutig positiv empfunden wird. Ziel von Personalentwicklungsmaßnahmen sollte sein, Intensität und Dauer des Kulturschocks auf ein zweckdienliches und zugleich für den Mitarbeiter zumutbares Maß zu reduzieren. Grundsätzlich können Kulturschock-Erlebnisse auch die Motivation zu interkulturellem Lernen positiv beeinflussen.

3 Interkulturelle Kompetenz

3.1 Definition

Der Umgang mit unvertrauten Denk- und Verhaltensweisen im Rahmen interkultureller Zusammenarbeit setzt Kenntnisse und Fähigkeiten voraus, deren Erwerb im *Trial-and-Error*-Verfahren, sofern überhaupt, nur langsam und mühsam erfolgt.

Zahlreiche, vorwiegend angloamerikanische Autoren haben sich darum bemüht, die für interkulturelle Zusammenarbeit relevanten Erfolgsfaktoren zu identifizieren und in einem Konzept «interkulturelle Kompetenz» zu erfassen. Da keine eindeutigen Erkenntnisse über die Schlüsselfaktoren für die menschliche Anpassung an fremde Kulturen vorliegen, besteht bis heute jedoch keine Klarheit darüber, woraus interkulturelle Kompetenz besteht. Umstritten ist unter anderem die unterschiedliche Bedeutung und Gewichtung personaler und situativer Faktoren.

Im Folgenden wird davon ausgegangen, dass interkulturelle Kompetenz in drei interdependenten Dimensionen zum Ausdruck kommt: einer kognitiven, einer affektiven und einer kommunikativ-verhaltensbezogenen.

- *Kognitive Dimension: interkulturelles Wissen*
  Interkulturelles Wissen, das heißt Wissen um Gemeinsamkeiten und Unterschiede zwischen Kulturen, trägt dazu bei, die Komplexität einer Kultur zu verstehen.

- *Affektive Dimension: interkulturelle Sensibilität*
  Um Situationen interkulturellen Kontakts, an denen man selbst beteiligt ist, zu durchschauen und eventuell auftretende Probleme als kulturbedingt zu erkennen, sind Eigenschaften wie Bereitschaft zur Empathie, Offenheit, Toleranz und Geduld von zentraler Bedeutung.

- *Kommunikativ-verhaltensbezogene Dimension: interkulturelle Handlungskompetenz*
  Interkulturelle Kompetenz darf sich nicht in einem Bewusstsein für die Schwierigkeiten interkultureller Interaktionen erschöpfen, das zu Hilflosigkeit und Frustration, angstbesetzten Kontakten und letztlich zu Handlungsunfähigkeit führt. Interkulturelles Wissen und interkulturelle Sensibilität bedürfen einer Ergänzung um Fähigkeiten und Fertigkeiten auf der kommunikativen und der Verhaltensebene, um effektiv mit Menschen einer anderen Kultur interagieren und Probleme und Konflikte bewältigen oder von vornherein vermeiden zu können, die aus kulturellen Unterschieden resultieren.

Sämtliche Überlegungen zum interkulturellen Lernen und zur Entwicklung interkultureller Kompetenz gehen implizit davon aus, daß Kultur lernbar und der Mensch anpassungsbereit, anpassungsfähig und lernfähig und damit nach der primären Sozialisation in der eigenen Kultur zur sekundären Aneignung einer anderen Kultur in der Lage ist.

«Culture is learned – as such it is possible for a person who goes to another culture to learn the new culture.»[14]

3.2 Notwendigkeit interkultureller Kompetenz

> «While the technological advances allow an instantaneous bridging of immense physical distances between continents and planets, there have been no comparable breakthroughs in bridging psychocultural distance between people with different cultural frames of reference.» [15]

Um die Notwendigkeit interkultureller Kompetenz für Tätigkeiten in einem interkulturellen Umfeld aufzuzeigen, wird im Folgenden zunächst auf Untersuchungen über Misserfolge in der interkulturellen Zusammenarbeit eingegangen. Forschungsergebnisse und Praxiserfahrungen belegen, daß interkulturelle Interaktion nicht automatisch von Verständnis geprägt und bereichernd für die Beteiligten ist, sondern dass sie vielmehr in fast allen Konstellationen Schwierigkeiten bereitet, da sie im Vergleich zur intrakulturellen Interaktion wesentlich komplexer und problematischer ist.

In einem nächsten Schritt werden anhand der Kommunikationstheorie Kenntnisse, Einstellungen und Fähigkeiten aufgezeigt, die für erfolgreiche interkulturelle Zusammenarbeit notwendig sind.

Ungenutzte Potenziale für interkulturelle Synergien und die ethische Verantwortung eines Unternehmens gegenüber seinen Mitarbeitern stellen weitere Argumente für die Entwicklung interkultureller Kompetenz dar, auf die eingegangen wird.

Misserfolge in der interkulturellen Zusammenarbeit

> «Mistakes of corporate representatives because of intercultural incompetence can jeopardize millions of dollars in negotiations and purchases, sales and contracts, as well as undermine customer relations.» [16]

International tätigen Unternehmen entstehen Jahr für Jahr hohe Kosten, die durch eine gewissenhafte Vorbereitung ihrer Mitarbeiter auf Aufgaben in der interkulturellen Zusammenarbeit zu vermeiden oder zumindest zu reduzieren wären.

Zahlreiche Untersuchungen haben sich mit Misserfolgen in der interkulturellen Zusammenarbeit beschäftigt. In Büchern wie *Blunders in International Business*[17] und *Failed Multinational Ventures*[18] ist eine Vielzahl entsprechender Beispiele aus der Wirtschaftspraxis dokumentiert. Vielen Betroffenen ist gar nicht bewusst, welche Gründe für das Versagen ihres Einsatzes verantwortlich sind. Kulturelle Unterschiede als tatsächliche Gründe für das Scheitern interkultureller Zusammenarbeit sind oft nur schwer zu identifizieren. Misserfolge werden meist auf andere, plausibel erscheinende Gründe zurückgeführt. Fachliche Unfähigkeit spielt nur in Ausnahmefällen eine Rolle, da in der Regel Mitarbeiter ausgewählt werden, die sich im Heimatland bereits bewährt haben.

Eine Reihe von Studien hat das Scheitern von Auslandsentsendungen untersucht und Misserfolgsraten von bis zu 40 Prozent ermittelt. Die Untersuchungen stützen sich auf verschiedene Indikatoren:

- Der Mitarbeiter bittet darum, vorzeitig zurückkehren zu können.
- Das Unternehmen holt den Mitarbeiter vorzeitig zurück.
- Die Ziele des Auslandsaufenthalts werden nicht erreicht.
- Dem Unternehmen wird Schaden zugefügt.
- Der Mitarbeiter erleidet psychische Schäden.

Gegen die ausschließliche Betrachtung der Abbruchquote sprechen verschiedene Argumente: Zum einen muss nicht jede vorzeitige Rückkehr einen Misserfolg darstellen; zum anderen können Mitarbeiter, die im Ausland ausharren, obwohl ihnen die kulturelle Integration nicht gelingt, weit höhere Kosten verursachen als vorzeitige Rückkehrer. Berichten Auslandsmitarbeiter, dass sie keinerlei interkulturelle Probleme erlebt haben, ist dies eher ein Zeichen mangelnder Sensibilität als ein Hinweis auf gute Integrationsfähigkeit. In fremden Kulturen werden zwangsläufig Fehler begangen!

Kommunikationstheoretische Perspektive

> «Communication does not necessarily result in understanding. Cross-cultural communication continually involves misunderstanding caused by misperception, misinterpretation, and misevaluation.»[19]

Für die zwischenmenschliche Interaktion ist Kommunizieren von zentraler Bedeutung. Zahlreiche Wissenschaftler haben sich speziell mit den Prozessen und Problemen der interkulturellen Kommunikation auseinandergesetzt. Um aufzuzeigen, dass Kommunikationsprozesse im interkulturellen Kontext unter erschwerten Bedingungen ablaufen und ihr erfolgreicher Ausgang ohne ein Mindestmaß an interkultureller Kompetenz gefährdet sein kann, wird im Folgenden auf das Modell interkultureller Kommunikation von Szalay zurückgegriffen. Außerdem werden Unterschiede im Kommunikationsverhalten zwischen verschiedenen Kulturen exemplarisch aufgezeigt.

Kommunikation ist ein Prozess, bei dem ein Sender eine Botschaft in einem bestimmten Code verschlüsselt (codiert) und sie über einen Kommunikationskanal sendet, um einen Empfänger zu erreichen, der sie entschlüsselt (decodiert) und bei dem sie eine Wirkung erzeugt. Kommunikation ist nur dann effektiv, wenn die Prozesse der Umwandlung der Botschaft auf Sender- und auf Empfängerseite kompatibel sind. Nur so erreicht den Empfänger letztlich die Botschaft, die der Sender übermitteln wollte.

Um interkulturelle Kommunikation handelt es sich, wenn die Kommunikatoren aus unterschiedlichen Kulturen stammen. Ist die Kulturdistanz groß und kommuniziert jeder Interaktionspartner so, wie er es aus seiner Kultur gewohnt ist, besteht die Gefahr, dass die gesendete und die empfangene Botschaft nicht identisch sind.

Ob interkulturelle Kommunikationsprozesse erfolgreich verlaufen, hängt von den Kommunikationspartnern ab. Da Codes erlernt und damit kulturspezifisch sind, ist richtiges Codieren und Decodieren im interkulturellen Austausch erschwert. Mangelnde Kenntnis des Codes des Kommunikationspartners kann zu Missverständnissen, also zu ineffektiver Kommunikation führen, indem andere Informationen als die gewünschten oder die gewünschten nicht gesendet werden. Es besteht Gefahr, dass Informationen verlorengehen oder verzerrt werden.

Kulturbedingte Unterschiede, die es im Rahmen interkultureller Kommunikation zu berücksichtigen gilt, betreffen

- die verbale Kommunikation
- die non- und paraverbale Kommunikation
- die Direktheit der Aussagen
- das Verhältnis von Inhalts- und Beziehungsebene.

Verbale Kommunikation bedient sich der gesprochenen Sprache und der Schrift (Text). Ein erheblicher Teil der Kommunikation findet jedoch auf paraverbaler und nonverbaler Ebene statt. Untersuchungsergebnisse besagen, dass die Wirkung einer Botschaft beim Empfänger nur zu 7 Prozent auf den benutzten Worten basiert, zu 38 Prozent auf der Art und Weise, wie diese Worte gesagt werden (paraverbale Kommunikation) und zu 55 Prozent auf Körpersprache und Mimik (nonverbale Kommunikation).

Verbale Kommunikation

Interkulturelle Kommunikation wird zusätzlich dadurch erschwert, dass sich mindestens einer der Kommunikationspartner einer für ihn fremden Sprache bedient. Dieser Tatsache trägt das Modell von Szalay Rechnung, indem es im Kommunikationsprozess einen Übersetzungsschritt berücksichtigt (vgl. Abbildung 3). Dieser kann sowohl vor als auch nach

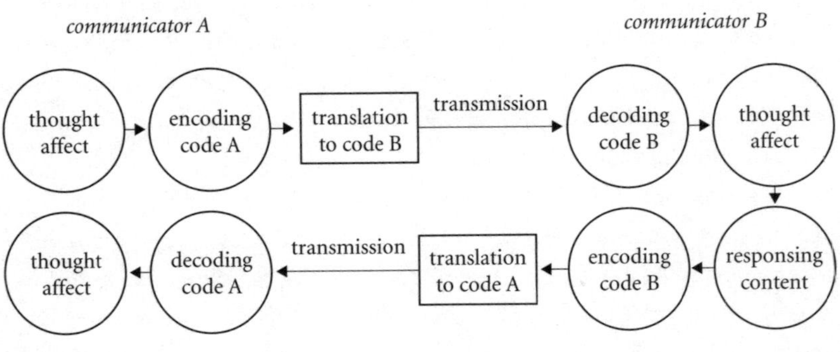

Abbildung 3 Modell interkultureller Kommunikation von Szalay[20]

dem Übermitteln einer Nachricht erfolgen. Für einige Autoren stellt die Beherrschung der Fremdsprache sogar eine eigene Dimension interkultureller Kompetenz dar.

Da verschiedene Gründe dafür sprechen, die Vermittlung von Fremdsprachenkenntnissen von der Durchführung interkultureller Trainings zu trennen,[21] wird dieses Thema nicht weiter vertieft. Dennoch soll im Folgenden kurz auf die Bedeutung eingegangen werden, die der Beherrschung der jeweiligen Landessprache für eine erfolgreiche Zusammenarbeit mit Angehörigen einer fremden Kultur zukommt.

Ohne die Kenntnis der Sprache eines Volkes bleibt das Verständnis der Mentalität seiner Mitglieder immer unvollständig und mangelhaft. Umgekehrt setzt das Verständnis einer Sprache auch die Kenntnis der jeweiligen Kultur voraus, da sich der Inhalt einer Sprache an dem orientiert, was in der jeweiligen Kultur für wichtig gehalten wird. *«Swiss-German has a vast selection of words dealing with ‹work› but few concerned with ‹pleasure›.»*[22] Da die Akzentsetzungen von Kultur zu Kultur unterschiedlich sind, ist für viele Ausdrücke, Redewendungen und Sprachbilder keine vollständige Übersetzungsäquivalenz gegeben. Die englischen Wörter «achievement», «common sense» oder «commitment» lassen sich beispielsweise nicht gleichwertig ins Deutsche übersetzen, für «Weltanschauung» oder «Gemütlichkeit» im Deutschen oder für «l'esprit» im Französischen sind im Englischen keine adäquaten Begriffe vorhanden.

Interkulturelle Verständigungsprobleme können jedoch auch dann auftreten, wenn Kommunikationspartner dieselbe Sprache sprechen, aufgrund ihres unterschiedlichen kulturellen Hintergrunds das Gesagte jedoch verschiedenartig interpretieren. Ein Gespräch auf Spanisch beispielsweise wird von einem Spanier anders interpretiert als von einem Chilenen. Verschiedene Studien kommen zum Schluss, dass Kenntnisse der Landessprache positiv mit dem Prozess der kulturellen Integration korrelieren, da sie Interaktionen mit Einheimischen erleichtern.

Nonverbale und paraverbale Kommunikation

Schwierigkeiten mit der Fremdsprache stellen eine Barriere in der interkulturellen Kommunikation dar. Die wenigsten sind sich jedoch bewußt, dass nonverbale Kommunikation ebensolche Barrieren darstellen kann.

«Unlike verbal communication systems, there are no dictionaries or formal sets of rules to provide a systematic list of the meanings of a culture's nonverbal code systems.» [23]

Nonverbale Signale sind alle nicht-sprachlichen und nicht-schriftlichen Verständigungsmittel, beispielsweise Blick- und Körperkontakt, Körperhaltung, Mimik etc. Da sie selten bewusst gesendet werden und es anstrengend ist, sie dauerhaft zu kontrollieren, gelten sie als verlässlich. Die Unkenntnis der jeweiligen kulturellen Besonderheiten führt leicht dazu, dass Botschaften nicht verstanden oder fehlinterpretiert werden. Das zustimmende Kopf-Wiegen eines Inders ist beispielsweise leicht mit dem verneinenden Kopfschütteln eines Europäers zu verwechseln. Ein weiteres Beispiel ist der Blick- oder Augenkontakt zwischen Kommunikationspartnern. Fehlender Augenkontakt, Zeichen für Respekt in vielen asiatischen Kulturen, wird von Westeuropäern oder Amerikanern als Zeichen von Unsicherheit oder Verschlagenheit interpretiert. Auch die Toleranzgrenze bezüglich des physischen Kontakts zwischen den Kommunikationspartnern ist von Kultur zu Kultur verschieden. Südeuropäer beispielsweise werden von Nordeuropäern oft als aufdringlich empfunden. Fehlender Körperkontakt kann von Arabern hingegen als mangelndes Geschäftsinteresse interpretiert werden. Auch bei der Mimik, die als Ausdruck menschlicher Emotionen vielfältige Formen des Feedback ermöglicht, führt die Unkenntnis kulturspezifischer Gepflogenheiten oft zu Fehlinterpretationen. Das Lächeln eines Asiaten beispielsweise zeigt nicht nur positive Emotionen wie Sympathie oder Freude, sondern stellt ein anerzogenes Verhaltensmuster dar, mit dem negative Emotionen wie Ärger, Verwirrung oder Überraschung verborgen werden. Der unbewegte Gesichtsausdruck eines Gesprächspartners muss kein Zeichen negativer Atmosphäre, sondern kann eine normale Ausdrucksform von Zuhören sein.

Unterschiede im paraverbalen Kommunikationsverhalten sind eine weitere Ursache von Missverständnissen. Als paraverbale Signale gelten Tonfall und Lautstärke, in denen gesprochen wird, sowie begleitende nichtsprachliche Äußerungen wie Sprechpausen, Räuspern, Lachen oder Seufzen. Europäer beispielsweise werden von Asiaten aufgrund ihres lauten und engagierten Sprechens häufig als unhöflich, gereizt oder sogar aggressiv erlebt. Die in Indien übliche Konversationslautstärke hingegen wird sogar von Europäern als bedrohlich empfunden. Sprechpausen betonen in Asien das zuvor Gesagte, von Europäern werden sie oft als Ende der Aussage fehlinterpretiert, was dazu führt, dass asiatische Kommunikationspartner in ihren Äußerungen unterbrochen werden.

Direktheit der Aussagen

Kulturen unterscheiden sich auch durch die Direktheit, mit der kommuniziert wird. Hall hat diesbezüglich zwischen *high* und *low context*-Kulturen unterschieden.[24] Angehörige von *high context*-Kulturen kommunizieren sehr viel indirekter als Angehörige von *low context*-Kulturen. Unterschiede zwischen direkter und indirekter Kommunikation werden vor allem dann deutlich, wenn es darum geht, ein Anliegen zu äußern oder abzulehnen, Kritik zu üben, zu widersprechen oder Unangenehmes zu thematisieren. Sogar hinsichtlich der Kommunikationskanäle, die für bestimmte Arten von Nachrichten angemessen sind, bestehen Unterschiede zwischen den Kulturen.

Obwohl Asiaten in vielen Situationen indirekter als Europäer kommunizieren, verstehen sie sich dennoch und können ebenso hart und zielstrebig verhandeln. Auf diese Weise wird eine offene Konfrontation vermieden, und die Harmonie bleibt gewahrt. Europäern fällt es erfahrungsgemäß schwer, diese Codes zu entschlüsseln oder gar selbst indirekt zu kommunizieren. Hinzu kommt, dass viele Europäer Vorbehalte gegen diese Art der Kommunikation haben. Unterschiede in der Direktheit der Aussagen führen auch bei Konflikten zu grundlegend unterschiedlichen Verhaltensstandards. Während Europäer bei Konflikten bestrebt sind, den Sachverhalt möglichst deutlich darzulegen, um zu einer Klärung zu kommen, versuchen Asiaten, die Konfliktursache undeutlich zu machen und zu «vernebeln», weil zunächst die Harmonie zwischen den Beteiligten wiederhergestellt werden muss. In Wechselwirkung führen diese konträren Strategien zu einer Eskalation des Konflikts.

Verhältnis von Inhalts- und Beziehungsebene

Eine weitere Quelle für Missverständnisse ist eine unterschiedliche Gewichtung von Sach- und Beziehungsebene in der Kommunikation. In Kulturen, in denen die Beziehungsebene eine wichtigere Rolle spielt als die Sachebene, bestehen meist hohe Erwartungen an die Hilfsbereitschaft. Dies kann dazu führen, dass jemand, der um eine Wegauskunft gebeten wird, seine eigene Unkenntnis nicht erkennen lässt (Sachebene), sondern – um dem Fremden gegenüber hilfsbereit zu erscheinen – eher eine falsche Wegbeschreibung gibt als gar keine. In vielen Ländern Asiens wird eine verneinende Antwort zudem als unhöflich empfunden und ist daher zu vermeiden. Führt die korrekte Darstellung eines Sachverhalts dazu, dass einer der Konversationspartner sein Gesicht verliert, tritt die Sachebene in vielen Kulturen ebenfalls hinter die Beziehungsebene zurück.

Erhebliche Unterschiede bestehen zwischen Kulturen auch darin, wie weit ein Individuum etwas von der eigenen Persönlichkeit gegenüber seinen Interaktionspartnern preisgibt (Beziehungsebene). Was in der einen Kultur als angemessene Wahrung der Privatsphäre empfunden wird, mag in einer anderen Kultur als extreme Verschlossenheit aufgefasst werden, die Anlass zu Misstrauen gibt.

Interkulturelle Synergie

Der Begriff Synergie stammt von σφνεργαζεστχι (Griechisch für «zusammenarbeiten») und wird definiert als *«output of two or more individuals or groups working in cooperation when this is greater than the combined output of their working separately.»*[25] In den Wirtschaftswissenschaften wird der Begriff Synergie sehr großzügig verwendet; oft dient er nur der Argumentation oder bedeutet nicht mehr als «finanzieller Zugewinn».

Interkulturelle Synergie kann definiert werden als das Zusammenspiel kultureller Charakteristika wie Einstellungen, Werten, Denk- und Verhaltensweisen in einer sich gegenseitig verstärkenden Weise, so dass die hervorgebrachten Leistungen von höherer Qualität sind als die Summe der Einzelelemente. Weil sich kulturbedingte Unterschiede in der interkulturellen Zusammenarbeit häufig als Störfaktoren erweisen, wird leicht vergessen, dass sie neben ihrem Konfliktpotenzial auch erhebliche Chancen bergen und als Ressource nutzbar sind. Weltweit tätige Unternehmen verfügen über ein Lern- und Kreativitätspotenzial, das Unternehmen mit einem rein inländischen Tätigkeitsfeld nicht haben. Die Zusammenarbeit mit Angehörigen anderer Kulturen eröffnet die Möglichkeit, neue Arbeits- und Organisationsformen, Vorgehens- und Sichtweisen sowie neues Know-how in ein Unternehmen zu bringen. Synergien durch den Zugang zu komplementären Stärken können zusätzliche Wettbewerbsvorteile gegenüber Dritten eröffnen.

Synergiepotenziale entfalten sich allerdings nicht von selbst. Interkulturelle Synergien können nur dann entstehen, wenn die Beteiligten versuchen, die vorhandenen Leistungspotenziale bestmöglich auszuschöpfen. Es gilt, kulturspezifische Stärken der Mitarbeiter zu erkennen und konstruktiv miteinander zu verknüpfen. Die bloße Suche nach kulturellen Gemeinsamkeiten im Sinne eines kleinsten gemeinsamen Nenners und ein Verdrängen der Unterschiede erweist sich als ebenso falsch wie eine ausschließliche Fixierung auf die Unterschiede.

Organisation, Aufgaben, Prozesse und Führung sind gezielt so zu gestalten, dass möglichst viele Mitarbeiter ihre Stärken einbringen können, ohne ihre kulturelle Identität zu verlieren. Tabelle 2 zeigt, welche positiven und negativen Konsequenzen kulturelle Verschiedenheit in Situationen interkultureller Zusammenarbeit haben kann.

Tabelle 2 Kulturelle Vielfalt im Team

negative Konsequenzen	*positive Konsequenzen*
▪ erhöhte Komplexität aufgrund unterschiedlicher Erwartungen und Zielvorstellungen ▪ Konflikte aufgrund komplizierter gruppendynamischer Prozesse (z. B. Eigen- und Fremdgruppendifferenzierung) ▪ erschwerte Konsensfindung ▪ Kommunikationsprobleme und Missverständnisse ▪ Abnahme des Leistungspotenzials	▪ wechselseitige Kompensation von Defiziten durch Nutzung kulturspezifischer Stärken ▪ Freisetzen neuer Kreativitäts- und Leistungspotenziale ▪ Zunahme der Handlungsalternativen ▪ höhere Qualität der Teamleistungen

Multikulturelle Teams sind meist deutlich effizienter oder aber deutlich weniger effizient als monokulturelle. Werden multikulturelle Teams richtig geführt, sind sie, trotz der Hürden, die in der Zusammenarbeit zu überwinden sind, monokulturellen überlegen.

Als in den USA der Gedanke aufkam, dass offenbar bestimmte kulturelle Bedingungen Ursache des japanischen Wirtschaftserfolgs seien und in der Fachliteratur kulturvergleichende Studien veröffentlicht wurden, entwickelte sich weltweit eine Diskussion über die Bedeutung von Kulturfaktoren für den wirtschaftlichen Erfolg. Heute vereinigen viele Unternehmen amerikanische und japanische Elemente der Organisation und Führung.

In der Literatur finden sich zahlreiche Hinweise auf interkulturelle Synergien, sowohl sehr aufgabenspezifische Beispiele als auch eher allgemeingehaltene Empfehlungen, wie die Kombination aus französischer Kommunikationsstärke, deutschem Organisationstalent und italienischer Flexibilität beziehungsweise Improvisationsbegabung. Im Folgenden sei exemplarisch eine Konstellation interkultureller Zusammenarbeit beschrieben, die es erlaubt, Synergien zu realisieren.

Ungwöhnlichen Ideen, die für grundlegende Innovationen unverzichtbar sind, wird in Ländern mit schwacher Unsicherheitsvermeidung die erforderliche Toleranz entgegengebracht. Für eine erfolgreiche Umsetzung fehlt es jedoch oft an der nötigen Präzision, an Organisationstalent und Ausdauer. Diese Eigenschaften sind eher in Ländern mit starker Unsicherheitsvermeidung anzutreffen. Synergiepotenzial liegt in einer sinnvollen Aufgabenteilung: Angehörige «innovativer» Kulturen sorgen für neue Ideen, die von Mitgliedern «ausführender» Kulturen weiterentwickelt und realisiert werden. Zu zahlreichen Synergieeffekten dieser Art kam es aufgrund der Auswanderung von Europäern in die USA im Vorfeld und während des Zweiten Weltkriegs: Die mitteleuropäische Vorliebe für die Theorie, die auf starker Unsicherheitsvermeidung basiert, und der auf schwacher Unsicherheitsvermeidung basierende anglo-amerikanische Sinn für Empirismus ergänzten sich in idealer Weise.

Weitgehende Übereinstimmung besteht darin, dass für die gezielte Nutzung von Synergiepotenzialen folgende Voraussetzungen erfüllt sein müssen:

- Wahrnehmung kulturbedingter Unterschiede im Denken und Handeln
- Wissen um die kulturspezifischen Stärken aller Beteiligten
- Bereitschaft und Fähigkeit, von den Angehörigen fremder Kulturen zu lernen
- eine Arbeits- und Aufgabenteilung, die Stärken und Schwächen berücksichtigt.

Ethische Verantwortung

Aufgrund der ethischen Verantwortung gegenüber seinen Mitarbeiterinnen und Mitarbeitern sollte ein Unternehmen keine unzureichend vorbereiteten Personen mit Aufgaben der interkulturellen Zusammenarbeit betrauen. Schließlich stellt ein Auslandseinsatz einen gravierenden Einschnitt im Leben eines Mitarbeiters und seiner Familie dar, und eine missglückte Integration kann für den Mitarbeiter und dessen privates Umfeld weitreichende Folgen haben. Eine gründliche Vorbereitung unterstreicht zudem den Stellenwert, den ein Unternehmen Auslandsaufenthalten beimisst; darüber hinaus können Vorbereitungsmaßnahmen auf die betreffenden Mitarbeiter durchaus motivierend wirken.

4 Interkulturelles Training

4.1 Definition

Interkulturelles Training umfasst alle systematisch durchgeführten Trainingsmaßnahmen im Rahmen der internationalen Personalentwicklung, die der Vermittlung interkultureller Kompetenz dienen. Sämtlichen Trainingskonzepten liegt die Annahme zugrunde, dass Kultur nicht angeboren, sondern erlernt ist, und somit auch gelehrt oder trainiert werden kann. Interkulturelles Training kann den Prozess interkulturellen Lernens erheblich vereinfachen und beschleunigen.

Trainingsmaßnahmen im Vorfeld von Auslandseinsätzen bieten Mitarbeitern und mitausreisenden Lebenspartnern die Möglichkeit, über Chancen und Gefahren der künftigen Tätigkeit und damit verbundene Befürchtungen offen zu sprechen. Ein Training kann als Entscheidungshilfe dienen, wenn es nicht gelingt, diese Befürchtungen auszuräumen und sich der Mitarbeiter daraufhin gegen einen Auslandseinsatz entscheidet. Wird hingegen die Motivation zum interkulturellen Lernen geweckt, fördert dies zugleich die Motivation des Mitarbeiters für seine künftige Tätigkeit im fremdkulturellen Umfeld.

4.2 Ziele interkultureller Trainings

Voraussetzung für Effektivität und Effizienz sowie die Erfolgskontrolle von Maßnahmen der Personalentwicklung ist das Festlegen von Zielen. Aufgrund unterschiedlicher Auffassungen hinsichtlich der Komponenten interkultureller Kompetenz sowie der Methoden, wie diese zu erreichen und letztendlich zu messen sind, findet man in der Literatur die verschiedensten Trainingsziele, -inhalte und -methoden. Die Ziele, die im Folgenden formuliert und in den Abbildungen 5 bis 7 zusammengefasst werden, unterscheiden sich – analog zu den Komponenten interkultureller Kompetenz (vgl. Abbildung 4) – in kognitive, affektive und verhaltensorientierte Ziele. Ihnen liegt die Annahme zugrunde, dass ein deutscher oder schweizerischer Mitarbeiter auf einen Einsatz in einer für ihn fremden Kultur vorzubereiten ist, in dessen Rahmen er auch Führungsaufgaben wahrzunehmen hat.

Kognitive, affektive und verhaltensorientierte Ziele ergänzen sich wechselseitig, ihre Grenzen sind fließend. Je mehr der Mitarbeiter über eine Kultur weiß (interkulturelles Wissen), desto wahrscheinlicher ist eine erhöhte Sensibilität für die Eigenarten und Besonderheiten dieser Kultur sowie eine Veränderung seiner persönlichen Einstellung gegenüber dem bisher Fremden (interkulturelle Sensibilität). Interkulturelle Handlungskompetenz wiederum erfordert interkulturelle Sensibilität und interkulturelles Wissen, da für die Wahl situativ angemessener Verhaltensweisen relevante Umweltfaktoren erst einmal wahrgenommen und dann korrekt interpretiert werden müssen.

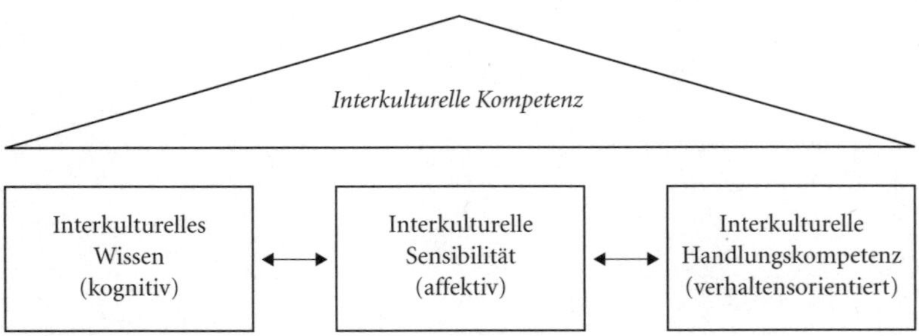

Abb. 4 Komponenten interkultureller Kompetenz

Kognitives Trainingsziel: interkulturelles Wissen

> «Manche sehen bei einem Fußballspiel die Spieler in sinnlosem Durcheinander auf dem Feld herumrennen. Andere, die etwas davon verstehen, erkennen ein komplexes Muster von Strategien und Spielzügen, die das Spiel für sie interessant machen.»[26]

Interkulturelles Training sollte sowohl kulturallgemeines als auch -spezifisches Wissen vermitteln. Zunächst gilt es, ein Grundverständnis für das Phänomen «Kultur» zu schaffen, beispielsweise mit Hilfe eines Kulturmodells.

Ein zentrales Trainingsziel ist, bewusst zu machen, dass Wahrnehmung, Denken und Handeln durch die eigene Kultur geprägt ist. Der Mensch betrachtet seine eigenen Annahmen und Werte meist als selbstverständlich und nimmt ihren weitreichenden Einfluss nicht bewusst wahr. HALL bezeichnet Kultur daher als «*hidden dimension*».[27] Das Erkennen und Verstehen des eigenen kulturellen Bezugsrahmens ist jedoch Voraussetzung dafür, fremde Kulturen objektiv betrachten zu können. Interkulturelles Training sollte daher nicht nur Wissen über die fremde, sondern auch über die eigene Kultur vermitteln.

Von einem zeitlich meist knapp bemessenen Training kann nicht erwartet werden, dass es die Komplexität einer fremden Kultur im Detail behandelt. Ziel muss vielmehr sein, eine kognitive Struktur zu vermitteln, die diese Komplexität reduziert. Indem das Training Logik und Zusammenhänge der kulturspezifischen Grundregeln in Form eines Orientierungssystems nachvollziehbar macht, ermöglicht es, sich im fremden Umfeld zurechtzufinden. Es trägt dann zum Abbau von Unsicherheit bei, wenn es befähigt, das Verhalten von Angehörigen der fremden Kultur im jeweiligen Kontext richtig zu interpretieren und die Auswirkungen des eigenen Handelns zu prognostizieren.

Eine solches Orientierungssystem umfasst die wichtigsten regulativen Standards, das spezifische Wertsystem und die Bedürfnisstrukturen in der fremden Kultur. Die Trainingsteilnehmer erkennen rasch, dass kulturelle Unterschiede potenzielle Konfliktquellen sind.

Zukünftige eigene Erfahrungen können systematisch in das Orientierungssystem integriert und mit vorhandenem Wissen verknüpft werden.

Abb. 5 Kognitive Trainingsziele

- Verständnis des Kulturkonzepts (Kenntnis eines Kulturmodells)
- Wissen über die eigene Kultur
- kognitive Struktur der fremden Kultur als Orientierungssystem
  - zentrale Kulturstandards, Wertsystem und Bedürfnisstruktur
  - Verhaltenserwartungen, Rollenbilder
  - Kommunikationsregeln
- Abbau von Unsicherheit durch die Befähigung,
  - fremdkulturelles Verhalten im jeweiligen Gesamtkontext zu verstehen und
  - die Auswirkungen eigenen Handelns zu prognostizieren
- Kenntnis der Problempotenziale interkultureller Kommunikation
- Wissen über den Anpassungsprozess in einer fremden Kultur
- Verständnis des interkulturellen Synergiegedankens
- länderspezifisches Wissen
  - landeskundliches Wissen
  - praktisch-organisatorisches Wissen

Seine Benutzerfreundlichkeit kann die Lernfähigkeit der Mitarbeiter im interkulturellen Umfeld maßgeblich beeinflussen. Interkulturelles Training vermittelt gewissermaßen die Grammatik, die Vokabeln kann der einzelne dann vor Ort leichter selbständig erwerben. Im Sinne spezifischer Kulturkompetenz können derartige Orientierungssysteme additiv für mehrere Kulturen erworben werden und eine hohe Flexibilität in der Kommunikation ermöglichen.

Interkulturelles Training sollte den Teilnehmern außerdem Komplexität, Konfliktpotenziale und Erfolgsvoraussetzungen interkultureller Kommunikation bewusst machen. Typische Kommunikationsprobleme und kulturspezifische Kommunikationsregeln sind anhand von Beispielen aufzuzeigen. Je nach künftigen Aufgaben und Interaktionspartnern der Teilnehmer können unterschiedliche Schwerpunkte erforderlich sein.

Das Thema «interkulturelle Synergie» sollte sowohl konzeptionell als auch anhand konkreter Praxisbeispiele behandelt werden. Vor allem gilt es zu vermitteln, wie kulturbedingte Unterschiede in einer Synthese produktiv genutzt und damit Synergiepotenziale entfaltet werden können.

Damit der Mitarbeiter Integrationsschwierigkeiten und Kulturschockerlebnisse angemessen interpretieren kann, sollte das Training auch Wissen über den Anpassungsprozess in einer fremden Kultur vermitteln.

Ein weiteres kognitives Trainingsziel ist es, aktuelle Informationen weiterzugeben: einerseits landeskundliche Informationen, die die geographische, geschichtliche, rechtliche, politische, religiöse und wirtschaftliche Situation und Entwicklung im Gastland betreffen, andererseits praktisch-organisatorische Informationen, die sich unter anderem auf Transportwesen, medizinische Versorgung und Schulsystem beziehen. Viele dieser Informationen lassen sich auch durch das Aushändigen schriftlicher Unterlagen weitergeben und beanspruchen dann keine Trainingszeit.

> «Wer sich selber und den Gegner kennt,
> wird von hundert Schlachten hundert gewinnen.»
> Sun Tze

Affektives Trainingsziel: interkulturelle Sensibilität

Über das rein kognitive Verständnis der eigenen und der fremden Kultur hinaus muss interkulturelles Training auch interkulturelle Sensibilität vermitteln, die Fähigkeit und Bereitschaft zur tiefergehenden Wahrnehmung einer fremden Kultur.

Ein zentrales Trainingsziel ist die grundsätzliche Sensibilisierung des Mitarbeiters für kulturbedingte Unterschiede im Denken und Handeln, für Problem- und Konfliktpotenziale interkultureller Interaktionen sowie für Synergiepotenziale in der interkulturellen Zusammenarbeit. Dabei wird unter Sensibilisierung eine Steigerung der Fähigkeit verstanden, relevante Reize und Signale aus der Umwelt wahrzunehmen. Ein interkulturell sensibler Mitarbeiter achtet auch auf Dinge, die andere Mitarbeiter gar nicht wahrnehmen oder denen sie keine Aufmerksamkeit schenken.

Abb. 6 Affektive Trainingsziele

- positive Einstellung gegenüber fremden Kulturen
- Reduktion von Angst
- Akzeptieren unvertrauter Denk- und Verhaltensweisen
- Sensibilität für kulturbedingte Unterschiede im menschlichen Denken und Handeln
- Sensibilität für die Problempotenziale interkultureller Kommunikationsprozesse
- Sensibilität für kulturelle Synergiepotenziale
- intrinsische Motivation zum interkulturellen Leben
- realistische Erwartungen an das Leben und Arbeiten in einem fremdkulturellen Umfeld
- Steigerung der Empathiefähigkeit
- Weiterentwicklung verschiedener Persönlichkeitsmerkmale wie Unvoreingenommenheit, Weltoffenheit und Toleranz
- Abbau unzutreffender Stereotype von Angehörigen der fremden Kultur

Die Akzeptanz kulturbedingter Unterschiede und die Einsicht, dass aus der eigenkulturellen Perspektive unsinnig erscheinende Verhaltensweisen in fremden Kulturen durchaus eine funktionale Bedeutung haben, stellen weitere Trainingsziele dar. Bestechlichkeit als Teil des gesellschaftlich etablierten Verteilungssystems und Vetternwirtschaft als traditionelle Form der sozialen Absicherung beispielsweise sind kulturell determinierte Verhaltensweisen, die ihre eigene Rationalität besitzen. Hier wird deutlich, dass interkulturelle Konflikte auch dann entstehen können, wenn die Denk- und Verhaltensweisen der Interaktionspartner zwar bekannt sind, aber nicht akzeptiert werden.

Interkulturelles Training soll eine weltoffene, unvoreingenommene Wahrnehmung kultureller Unterschiede und damit ein vorurteilsfreies und tolerantes Herangehen an fremde Kulturen ermöglichen. Aufbauend auf interkulturellem Wissen als theoretisches Fundament gilt es, unzutreffende Stereotype von Angehörigen der fremden Kultur abzubauen, realistische Erwartungen an das Leben und Arbeiten im fremden Umfeld zu entwickeln und die mit der Fremdheit verbundene Angst, dass das eigene Verhalten andere als die beabsichtigten Folgen hat, auf ein angemessenes Niveau zu reduzieren.

Interkulturelles Training sollte dazu führen, dass der Mitarbeiter seine Fähigkeit zur Empathie aktiv nutzt und verbessert und eigenes Verhalten in interkulturellen Interaktionen ständig daraufhin hinterfragt, wie es vom Gegenüber interpretiert wird.

Da bestimmte Persönlichkeitsfaktoren wie Empathie oder ausgeprägte Sozialkompetenz den Erfolg interkultureller Kommunikation positiv beeinflussen, sollten entsprechende Eigenschaften schon in der Selektionsphase als Auswahlkriterien berücksichtigt werden.

Idealerweise führt das Training neben interkultureller Sensibilität auch zu einer Steigerung des Interesses an der fremden Kultur sowie an Kontakten mit deren Angehörigen und fördert eine intrinsische Motivation zum interkulturellen Lernen.

Verhaltensorientiertes Trainingsziel: interkulturelle Handlungskompetenz

«People also need to be able to do what they know they should do.»[28]

Das Erreichen kognitiver und affektiver Trainingsziele bedeutet noch nicht, dass der Mitarbeiter im fremden Umfeld auch der Kultur adäquat und zielorientiert handeln kann. Wissen und Sensibilität hinsichtlich der Besonderheiten indirekter Kommunikation beispielsweise führen nicht zwangsläufig zur Fähigkeit, in der Interaktion mit einem Japaner auch selbst indirekt kommunizieren zu können. Interkulturelle Handlungsfähigkeit setzt voraus, dass geeignete Verhaltensmuster nicht nur bekannt sind, sondern auch praktiziert werden können.

Ein zentrales Trainingsziel ist daher die Vermittlung von Handlungssicherheit in Situationen, die für den Mitarbeiter künftig relevant sind. Eine entsprechende Erweiterung des Verhaltensrepertoires kann dadurch erreicht werden, vorhandene Handlungsdispositionen zu ändern bezie-

Abb. 7 Verhaltensorientierte Trainingsziele

- Handlungssicherheit
  - Repertoire an kulturadäquaten habituellen Bereitschaften
  - Nutzung von Verhaltensspielräumen
  - Abbau konfliktfördernder Verhaltensweisen
- Kulturadäquates Kommunikationsverhalten
  - Vertrautheit mit nonverbalem, paraverbalem und indirektem Kommunikationsverhalten
  - Beherrschung angemessener Formen der Kritik
- Fähigkeit zur kulturadäquaten Anpassung von Formen der Zusammenarbeit sowie von Führungsaktivitäten und -systemen
- Befähigung zum Konfliktmanagement
- Strategien zum Umgang mit dem Kulturschock

hungsweise neue zu entwickeln. Zudem muss der Mitarbeiter Verhaltensspielräume nutzen können und konfliktfördernde Verhaltensweisen abbauen.

Da jegliches Verhalten kommunikativen Charakter hat (Paul WATZLAWICK: *«Der Mensch kann nicht nicht kommunizieren»*), stellt die Beherrschung adäquaten Kommunikationsverhaltens einen wichtigen Erfolgsfaktor in interkulturellen Interaktionen dar. Der Mitarbeiter muss Kommunikationssignale nicht nur wahrnehmen und in ihrer kulturspezifischen Bedeutung korrekt interpretieren, sondern diese auch selbst aussenden können. Da sich Sprachkurse in der Regel auf die Vermittlung verbaler Fremdsprachenkenntnisse beschränken, interkulturelle Unterschiede jedoch auch in den non- und paraverbalen Signalen sowie in der Direktheit der Kommunikation bestehen, ist es Aufgabe interkultureller Trainings, Mitarbeiter diesbezüglich mit den kulturspezifischen Besonderheiten vertraut zu machen. Auf rein theoretische Art und Weise kann dies jedoch nicht erfolgen. Mitarbeiter müssen den Umgang mit non- und paraverbalen Kommunikationssignalen in realen Interaktionen erleben und selbst praktizieren. Das Gleiche gilt für die unterschiedlichen Grade der Direktheit in der Kommunikation, die sich beispielsweise in unterschiedlichen Formen der Kritikäußerung zeigen. Erst in der Interaktion wird deutlich, dass auch indirekt klar kommuniziert werden kann und indirekte Kommunikation nur deshalb unklar erscheint, weil sie ungewohnt ist.

Interkulturelles Training muss zudem zum kulturadäquaten Management von Konflikten befähigen und Mitarbeiter mit Führungsaufgaben in die Lage versetzen, Formen der Zusammenarbeit sowie Führungsaktivitäten und -systeme, zum Beispiel Mitarbeiterbewertung und -honorierung, der Fremdkultur anzupassen.

Die Vermittlung von Strategien für den Umgang mit dem Kulturschock soll sicherstellen, dass weder Mitarbeiter noch mitreisende Familienangehörige aufgrund des fremden Umfelds psychischen Schaden nehmen und Auslandseinsätze nicht vorzeitig abgebrochen werden.

Dass das Aufgeben der eigenen Kultur nicht Ziel interkultureller Trainings sein darf, verdeutlicht das groteske Beispiel einer Verhandlung zwischen einem Südkoreaner und einem Deutschen: Beide haben sich in ihren Verhaltensweisen so der anderen Kultur angepasst, dass die Interaktion nicht erfolgreich sein kann. Der Südkoreaner verhält sich «deutsch», sein deutsches Gegenüber «koreanisch». Interkulturelle Synergien können nicht entstehen, wenn lediglich ein Rollentausch stattfindet. Ohne die Kenntnis der eigenkulturellen Kommunikations- und Verhaltensmuster werden die Anpassungsbemühungen des Interaktionspartners oft gar nicht erkannt.

Die genannten Trainingsziele erheben keinen Anspruch auf Vollständigkeit. Es bleibt Aufgabe der Unternehmung, die für ihre spezifischen Aufgabenstellungen relevanten Trainingsziele zu bestimmen und zu gewichten, je nachdem, ob vorwiegend Mitarbeiter zu motivieren, Verhandlungen zu führen, kulturadäquate Organisationsstrukturen aufzubauen oder Ausbildungsaufgaben wahrzunehmen sind. Die Festlegung der Trainingsziele sollte auf dem individuellen Entwicklungsbedarf des Mitarbeiters basieren, der maßgeblich davon abhängt, in welcher Phase des interkulturellen Lernprozesses sich dieser befindet. Das Budget, die Qualifikation der Trainer und die zeitliche Verfügbarkeit der zu trainierenden Mitarbeiter sind bei der Zielbestimmung als Restriktionen zu berücksichtigen.

4.3 Klassifizierung der Trainingsmethoden

«The concept of intercultural training is based on the assumption that intercultural competence can be learned and taught – at least to some extent.»[29]

Darstellungen interkultureller Trainings finden sich vor allem in der amerikanischen Fachliteratur. Bis heute existiert jedoch kein einheitliches Konzept für die Bezeichnung und Abgrenzung der verschiedenen Trainingsmethoden.

Ein zentrales Klassifizierungskriterium stellt der Lerninhalt dar. Da interkulturelles Training das Phänomen Kultur und dessen Einfluss auf den Menschen auf einer allgemeinen Ebene behandeln oder aber auf eine konkrete Kultur ausgerichtet sein kann, lassen sich hinsichtlich des Lerninhalts kulturallgemeine und kulturspezifische Methoden unterscheiden. Bezüglich der Lehrmethode können aktive und passive Trainingsmethoden differenziert werden, je nachdem, wie intensiv sich die Teilnehmer am Training beteiligen sollen. Neben diesen didaktischen Kriterien dienen organisatorische Aspekte als weiteres Klassifizierungskriterium (vgl. Tabelle 3).

Tabelle 3 Klassifizierung interkultureller Trainingsmethoden

Didaktische Aspekte		Organisatorische Aspekte
Lerninhalt:	*Lehrmethode:*	
▪ kulturallgemein	▪ passiv	▪ Trainingszeitpunkt
▪ kulturspezifisch	▪ aktiv	▪ Trainingsdauer
		▪ Träger des Trainings
		▪ Teilnehmerzahl
		▪ Teilnehmerzusammensetzung

Organisatorische Aspekte

Interkulturelles Training kann als vorbereitendes Training vor Aufnahme der interkulturellen Zusammenarbeit erfolgen oder als begleitendes Training parallel dazu. Zudem können (unternehmens-)interne und externe Trainings unterschieden werden. Weitere Klassifizierungskriterien sind Trainingsdauer, Teilnehmerzahl (Gruppen- oder Einzeltraining) und Teilnehmerzusammensetzung.

Vorbereitendes Training

Mitarbeiter, die vor der Aufnahme interkultureller Zusammenarbeit oder gar vor einem Auslandseinsatz stehen, hoffen, dass künftige Interaktionen mit Angehörigen fremder Kulturen möglichst wenig persönliche und berufliche Schwierigkeiten mit sich bringen. Vorbereitendes Training sollte die Teilnehmer diesbezüglich nicht entmutigen, darf sie jedoch nicht in der Annahme bestärken, alle bevorstehenden interkulturellen Kontakte mit ein wenig Fingerspitzengefühl erfolgreich bewältigen zu können. Vorbereitende Trainings sollen daher die Problem- und Konfliktpotenziale interkultureller Zusammenarbeit verdeutlichen und zugleich praktikable Bewältigungsstrategien aufzeigen.

Begleitendes Training

Verschiedene Argumente sprechen dafür, den Prozess des interkulturellen Lernens nach Aufnahme der interkulturellen Zusammenarbeit weiter zu unterstützen.

- Interkulturelle Interaktionen sind situativ geprägt. Im Laufe der interkulturellen Zusammenarbeit treten immer wieder Situationen auf, die im Rahmen eines vorbereitenden Trainings nicht behandelt wurden.
- Begleitendes Training vor Ort unterstützt den Mitarbeiter, unmittelbar erlebte Probleme und Konflikte zu bewältigen und daraus zu lernen. In der fremden Umwelt kann er das Gelernte direkt anwenden und bekommt unmittelbares Feedback der Inateraktionspartner.
- Reale Schwierigkeiten in der interkulturellen Zusammenarbeit konfrontieren die Teilnehmer unmittelbar mit den Besonderheiten der fremden Kultur und wirken sich positiv auf die Lernmotivation aus:

Notwendigkeit und Relevanz von Trainingsmaßnahmen werden offensichtlich.
- Zum Zeitpunkt des Übergangs von der Honeymoon- zur Krisenphase ist die Bereitschaft, mehr über die fremde Kultur zu lernen, am größten.
- Ohne Betreuung befinden sich Denk- und Verhaltensweisen in einem Prozess des *unfreezing* und *moving*, der schnell in unangemessenen Einstellungs- und Verhaltensmustern endet, die eine erfolgreiche Integration behindern können.
- Für viele Mitarbeiter erweisen sich der Einsatzort und der andere Kulturkreis erst im konkreten Kontakt als fremd und andersartig. Das Ausmaß kultureller Unterschiede wird oft unterschätzt.
- Vorbereitungsdefizite, die in Begleit-Trainings festgestellt werden, stellen wichtige Inputs für die laufende Verbesserung vorbereitender Maßnahmen dar.

Oft entscheiden sich Mitarbeiter nach rund sechs Monaten in der fremden Kultur für eine Rückkehr. Im Rahmen einer Studie wurden daher ein halbes Jahr nach der Ausreise Trainings durchgeführt, in denen aktuelle Probleme aus dem Privat- oder Arbeitsleben der Teilnehmer thematisiert und in Diskussionen oder Rollenspielen behandelt wurden. Die Quote vorzeitiger Rückkehrer lag bei den Trainingsteilnehmern deutlich unter dem sonst üblichen Niveau. Auch IBM machte mit seinem *in-country training* für Expatriates in Japan positive Erfahrungen.

In der Literatur besteht weitgehend Einigkeit darüber, dass interkulturelles Training, vor allem für Expatriates, sowohl in der Heimat- als auch in der fremden Kultur empfehlenswert ist und die Betreuung des Mitarbeiters und seiner Familie nicht mit der Ausreise enden darf. Die Kombination vorbereitender und begleitender Trainingsmaßnahmen ermöglicht einen schnelleren Aufbau von angemessenen Verhaltensweisen und entsprechenden kognitiven Denk- und Wertemustern als eine Vorbereitung, die ausschließlich in der Heimatkultur stattfindet. Die Meinungen über deren methodische, inhaltliche und zeitliche Ausgestaltung gehen jedoch auseinander.

Dennoch erfolgt interkulturelles Training meist ausschließlich als vorbereitende Maßnahme im Heimatland der Teilnehmer, also vor Aufnahme der interkulturellen Zusammenarbeit. Schließlich verursacht Training in der fremden Kultur in der Regel mehr Aufwand und damit höhere Kosten als eine Vorbereitung in der Heimatkultur. Zudem fallen Trainingsmaßnahmen in der fremden Kultur oft nicht mehr in den Zuständigkeitsbereich der Personalabteilung des entsendenden Unternehmens und sind daher schwierig zu organisieren. Personalabteilungen ausländischer Niederlassungen oder Partnerfirmen sind in der Regel ausschließlich mit einheimischen Mitarbeitern besetzt, die für den speziellen Entwicklungsbedarf der Expatriates meist wenig Verständnis aufbringen.

Bei nur sporadisch stattfindenden Begleit-Trainings besteht die Gefahr, dass Mitarbeiter ihre interkulturelle Kompetenz vom Stammhaus in Frage gestellt sehen, wenn sie annehmen, das Training werde speziell für sie aufgrund inadäquaten Verhaltens durchgeführt.

Trainingsdauer

Interkulturelle Trainings können von einer Stunde bis zu mehreren Monaten dauern. Die Frage nach der optimalen Vorbereitungsdauer kann nicht verbindlich beantwortet werden, weitgehende Übereinstimmung besteht lediglich darin, dass sie in der Praxis zu kurz ist. Die Trainingsdauer wird durch unternehmensinterne und -externe Faktoren beeinflusst:

- Kosten (finanzielle Möglichkeiten)
- Vorbereitungsbedürfnisse der Mitarbeiter
- zur Verfügung stehende Zeit
- Dauer externer Vorbereitungsprogramme (Trainings-Angebot).

Bei deutschen und schweizerischen Unternehmen liegt die obere Grenze bei einer Woche Vorbereitungszeit, Sprachkurse und Schnupper-Reisen (*Look-and-See-Trips*), um einen ersten Eindruck vom Gastland zu bekommen, nicht berücksichtigt.

Interne versus externe Trainings

Bei der Frage, ob Trainingsmaßnahmen intern oder extern durchgeführt werden sollen, sind verschiedene Kriterien zu berücksichtigen:

- unternehmensspezifischer Trainingsbedarf
- Trainingskosten
- vorhandenes Know-how

- personelle Ressourcen (u. a. verfügbare Trainer)
- organisatorische Möglichkeiten
- Zahl der vorzubereitenden Mitarbeiter
- Trainingsprogramme externer Anbieter.

Der Zugriff auf externe Spezialisten ist für ein Unternehmen in der Regel dann angebracht, wenn kein entsprechendes eigenes Know-how vorhanden ist, die verfügbare Zeit keine Entwicklung eigener Programme erlaubt oder aber ein sehr spezieller Weiterbildungsbedarf weniger Mitarbeiter vorliegt. Auf die Unterstützung interkultureller Berater und Trainer kann zudem zurückgegriffen werden, um unternehmensinterne Trainingsmaßnahmen zu entwickeln.

Internes und externes Training sind nicht als sich ausschließende, sondern als sich ergänzende Alternativen aufzufassen. Ein international tätiges Großunternehmen kann kaum noch darauf verzichten, Mitarbeiter für Auslandstätigkeiten in eigener Regie auch firmenintern fortzubilden. Tabelle 4 gibt einen Überblick über Vor- und Nachteile interner beziehungsweise externer interkultureller Trainings.

Neben internem und externem Training ist auch kooperatives Training möglich: Hier führen mehrere Unternehmen gemeinsam Trainingsmaßnahmen durch. Die Kooperation bietet den Vorteil, dass die benötigten finanziellen und personellen Ressourcen von den beteiligten Unternehmen gemeinsam aufgebracht werden.

Teilnehmerzahl

Hinsichtlich der Teilnehmerzahl kann grundsätzlich zwischen Einzel- und Gruppentraining unterschieden werden. Interkulturelles Einzeltraining ist kostenintensiv und muss sich daher auf das Wichtigste beschränken. Es kann sehr individuell auf die Aufgabe und Arbeitssituation des Mitarbeiters zugeschnitten werden, verhaltensorientierte Trainingsmethoden sind aus Zeitgründen jedoch nicht oder nur beschränkt einsetzbar.

Tabelle 4 Vor- und Nachteile interner bzw. externer interkultureller Trainings

internes Training	*externes Training*
Vorteile	
▪ Zeitpunkt, Ort, Dauer, Inhalt etc. sind unabhängig von externen Angeboten. ▪ Unternehmensspezifika und die individuelle Situation der Teilnehmer können besser berücksichtigt werden als bei externen Maßnahmen. ▪ Das Training kann nach den Vorstellungen und Wünschen des Unternehmens konzipiert werden.	▪ Trainingskonzepte, -material und Trainer sind vorhanden: Entlastung unternehmensinterner Ressourcen. ▪ Externe Trainer verfügen über ein umfassendes Know-how. ▪ Die Neutralität externer Trainer wirkt sich positiv auf das Trainingsklima aus. ▪ Neben offenen Trainings werden oft auch maßgeschneiderte Programme angeboten, die sich an den Bedürfnissen eines Unternehmens orientieren.
Nachteile	
▪ Das Training ist finanziell nur vertretbar, wenn genügend Mitarbeiter mit gleichartigem Trainingsbedarf vorhanden sind. ▪ Interne Trainer verfügen oft nicht über die erforderlichen Qualifikationen wie Lehrerfahrung oder Zugang zu aktuellen Forschungsergebnissen. ▪ Unternehmensressourcen wie Personal, Räumlichkeiten, Trainingsinstrumente/-Hilfsmittel werden belastet.	▪ Je heterogener die Trainingsgruppe bei offenen Programmen ist, desto weniger kann auf teilnehmer- und unternehmensspezifische Bedürfnisse eingegangen werden. ▪ Trainer verfügen meist nicht über unternehmensspezifische Kenntnisse. ▪ Die Zahl qualifizierter externer Anbieter ist begrenzt.

Teilnehmerzusammensetzung

Je nachdem, ob die Teilnehmer aus einer, aus zwei oder aus mehreren Kulturen stammen, können mono-, bi- und multikulturelle Trainings unterschieden werden. Monokulturelle Trainings herrschten lange Zeit vor, bi- oder multikulturelle Trainings gewinnen erst seit einigen Jahren an Bedeutung.

Didaktische Aspekte

Kulturallgemeine Trainings

Kulturallgemeine Trainings, die in der Literatur auch als kulturübergreifende Trainings oder *cultural awareness*-Programme bezeichnet werden, sollen über eine allgemeine interkulturelle Sensibilisierung die Fähigkeit der Teilnehmer zur Interaktion mit Angehörigen fremder Kulturen verbessern. Sie vermitteln ein grundlegendes Verständnis des Phänomens Kultur, der kulturellen Bedingtheit menschlichen Denkens und Handelns sowie der daraus resultierenden interkulturellen Unterschiede, ohne sich dabei auf spezifische Kulturen zu konzentrieren. Die Teilnehmer werden auf Probleme und Konflikte vorbereitet, mit denen sie im Rahmen interkultureller Zusammenarbeit zu rechnen haben. Daneben beschäftigen sich kulturallgemeine Trainings mit den Anpassungsprozessen, die Menschen in einer fremden Kultur durchlaufen, vor allem mit dem Phänomen des Kulturschocks und den Methoden seiner Bewältigung.

Kulturspezifische Trainings

Kulturspezifische Trainings beschäftigen sich mit der Kultur eines konkreten Landes oder mit den Kulturen einer Region. Die Kulturen Thailands, Singapurs, Malaysias und Indonesiens beispielsweise werden in Trainings für Südostasien häufig gemeinsam behandelt, wenn die Durchführung für Einzelländer unrentabel wäre. Voraussetzung für eine solche Zusammenfassung ist jedoch, dass die Distanz zwischen den jeweiligen Landeskulturen nicht zu groß ist, so dass Themen länderübergreifend behandelt werden können. Im Gegensatz zu kulturallgemeinen berücksichtigen kulturspezifische Trainings, dass die spezifischen Kommunikationsprobleme davon abhängen, welche Kulturen aufeinandertreffen. Sie gehen konkret auf Gemeinsamkeiten und Unterschiede zwischen der Heimatkultur der Teilnehmer und der fremden Kultur ein und behandeln mögliche Probleme und Konflikte in der interkulturellen Zusammenarbeit. Politik, Wirtschaft und aktuelle Lebensbedingungen sind meist weitere Trainingsthemen.

Ein wesentlicher Vorteil kulturspezifischer Trainings liegt darin, dass das Gelernte in der fremden Kultur direkt anwendbar ist. Wenn die

Trainingsdauer jedoch zu knapp bemessen ist, können kurze, vereinfachende Beschreibungen zu verstärkter Bildung von Stereotypen führen.

Passive Trainingsmethoden

Passive Methoden, die in der amerikanischen Trainingsliteratur auch als *cognitive*, *didactic* oder *intellectual* bezeichnet werden, gehen von der Annahme aus, dass reproduzierbares Wissen über eine andere Kultur Voraussetzung für eine erfolgreiche interkulturelle Zusammenarbeit ist. Passiv ist jedoch nicht die Methode, sondern der Teilnehmer, da ihm der Lerninhalt in Vorträgen, Filmen oder schriftlichen Unterlagen präsentiert wird. Da dieser Trainingsansatz, der lange dominierte, den traditionellen Lehrstil der Universitäten anwendet, wird er auch als Universitätsmodell bezeichnet.

Aktive Trainingsmethoden

Aktive Trainingsmethoden, in der amerikanischen Literatur als *experiential* bezeichnet, erfordern die Beteiligung der Teilnehmer am Trainingsgeschehen. Diese werden mit Situationen konfrontiert, die in der interkulturellen Zusammenarbeit häufig auftreten und erfahrungsgemäß problem- oder konfliktgeladen sind. Sie bieten jedoch nicht nur Gelegenheit, Gedanken und Gefühle in interkulturellen Interaktionen zu antizipieren, sondern auch konkrete Verhaltensweisen zu praktizieren und kritisch zu beurteilen.

«The experiential approach is based on the assumption that people learn best from their experiences.»[30]

Die Tatsache, dass kulturallgemeine sowie kulturspezifische Inhalte sowohl mit passiven als auch mit aktiven Lehrmethoden vermittelt werden können, legt die in Abbildung 8 dargestellte Methodenklassifizierung nahe, die sich ausschließlich an den Dimensionen Lerninhalt und Lehrmethode orientiert.

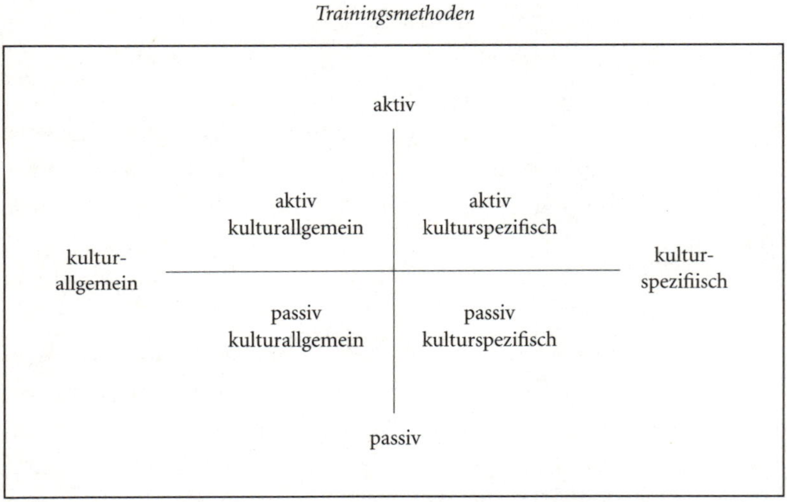

Abb. 8 Klassifizierung interkultureller Trainingsmethoden anhand der Dimensionen Lerninhalt und Lehrmethode

4.4 Fallstudien: Trainingsmethoden in der Praxis

Seminar «Interkulturelle Managementpraxis und Kommunikation»[31] (Institute for Training in Intercultural Management)

Das *Institute for Training in Intercultural Management* (ITIM) in Den Haag wurde 1985 gegründet und ist im Bereich der interkulturellen Managementberatung und Personalentwicklung tätig. Es arbeitet eng mit dem *Institute for Research on Intercultural Cooperation* (IRIC) der Universität Limburg/Maastricht zusammen und verfügt über Partnerorganisationen in Dänemark, Deutschland, England, Frankreich, Russland, Südafrika, Schweden und den USA. In Europa arbeiten rund dreißig Trainer mit dem ITIM-Trainingsansatz. Im Mittelpunkt der Trainings steht der Einfluss von Kultur auf Organisationsstrukturen, Verhandlungsführung, Managementkonzepte und Kommunikationsstile.

Trainingsangebot und Zielgruppe

Das Institut führt seine Trainings vorwiegend firmenintern durch, das Angebot richtet sich an Fach- und Führungskräfte mit interkulturellen Management- und Führungsaufgaben. Da Verhandlungen mit ausländischen Geschäftspartnern mittlerweile auch in den Stammhäusern der Auftraggeber zum Alltag gehören und die Zahl der in Europa beschäftigten Mitarbeiter aus fremden Kulturen ständig wächst, zählen hierzu auch Fach- und Führungskräfte, die für Tätigkeiten in der eigenen Kultur interkulturelle Kompetenz benötigen.

Trainingsablauf und -inhalt

Ein einleitender Vortrag über die Konvergenz-/Divergenz-Theorie schließt mit dem Fazit, es gebe kein Indiz für eine grundsätzliche Annäherung der unterschiedlichen Landeskulturen. Der Trainer geht auf den Kulturbegriff, den Einfluss von Kultur auf das menschliche Denken und Handeln und schließlich im Detail auf das Fünf-Dimensionen-Modell von Hofstede ein. Wiederkehrende Fragestellungen sind dabei:

- Welche organisatorischen Konsequenzen haben die Unterschiede in den Werthaltungen?
- In welchen Konstellationen interkultureller Zusammenarbeit liegen Synergie- bzw. Konfliktpotenziale?
- Bestehen Korrelationen zwischen den Dimensionen? (Gesellschaften mit hoher Machtdistanz beispielsweise zeichnen sich oft auch durch starke Unsicherheitsvermeidung aus.)

Die Teilnehmer erhalten Informationen über die Anpassungsprozesse, die Menschen in einer fremdkulturellen Umgebung durchlaufen, und über das Phänomen des Kulturschocks. Die Resultate einer zu Trainingsbeginn durchgeführten kulturbezogenen Meinungsumfrage werden auf Übereinstimmung mit den von Hofstede für die entsprechende Kultur ermittelten Punktwerten geprüft. Eine Gegenüberstellung der Werte verschiedener Kulturen ermöglicht, das Konfliktpotenzial in der Interaktion mit Angehörigen dieser Kulturen aufzuzeigen.

Der vom Institut produzierte Videofilm *Building the Transnational Team* zeigt, wie sich in einem multikulturell zusammengesetzten Team Konflikte entwickeln und zuspitzen. Die Charaktere und Verhaltensweisen der Akteure sind dabei bewusst überzeichnet.

Als Instrumentarium für ihre künftige Tätigkeit erhalten die Trainingsteilnehmer einen kleinen Taschenführer. Dieser enthält:

- die Definitionen der fünf Kultur-Dimensionen,
- Ländertabellen mit den Skalenwerten für sämtliche Dimensionen und
- kontrastierend die wesentlichen kulturellen Konsequenzen einer schwachen bzw. starken Ausprägung jeder Dimension.

Kritische Beurteilung

Das Trainingskonzept geht von der Annahme aus, dass Führungskräfte angesichts der Kulturabhängigkeit von Managementtheorien und Führungsmodellen ein kulturanalytisches System benötigen, das ihnen erlaubt, Managementinstrumente auf ihre Einsetzbarkeit zu prüfen, deren Erfolgsaussichten im Unternehmen einzuschätzen und gegebenenfalls gezielte Anpassungen an die Werte der lokalen Kulturen vorzunehmen.

Ziel des Trainings ist daher in erster Linie die Vermittlung des Fünf-Dimensionen-Modells von Hofstede, das die theoretische Grundlage und den Hauptinhalt des Trainings bildet. Es handelt sich um einen deduktiven Trainingsansatz, bei dem kulturspezifische Informationen nur eine sekundäre Rolle spielen: Interkulturelle Kompetenz soll kulturübergreifend wirksam sein.

Bevor auf Vor- und Nachteile des Trainingskonzepts eingegangen wird, erfolgt zunächst eine kritische Beurteilung des Hofstede-Modells. Hofstede ist es mit seinem Modell gelungen, das Phänomen Kultur zu operationalisieren und messbar zu machen. Kritiker stellen allerdings infrage, ob die fünf Dimensionen tatsächlich die wesentlichen Kulturvariablen sind und bezweifeln, dass die Punktwerte für die jeweilige Bevölkerung repräsentativ sind. Der große Stichprobenumfang der Untersuchung gewährleistet zwar ein hohes Maß an Reliabilität, doch ist zu berücksichtigen, dass sämtliche von Hofstede befragten Personen bei ein und demselben multinationalen Konzern, IBM, beschäftigt waren. Ein Vorteil dieser Beschränkung auf nur ein Unternehmen ist, dass andere Störgrößen, beispielsweise unterschiedliche Unternehmenskulturen, ausgeschaltet waren. Ungeklärt ist jedoch, welchen Einfluss der Selektions- und Sozialisationsprozess von IBM auf die Untersuchungsergebnisse hat. Ein weiterer Kritikpunkt ist die Aktualität des Datenmaterials: Die Ergebnisse stammen größtenteils aus den Siebzigerjahren und berücksichtigen daher nicht die kulturellen Veränderungen der letzten Jahrzehnte.

Das Fünf-Dimensionen-Modell stellt ein Orientierungssystem für das komplexe Phänomen Kultur dar. Da die fünf Dimensionen *Machtdistanz, Individualismus/Kollektivismus, Maskulinität/Feminität, Unsicherheitsvermeidung* und *kurzfristige/langfristige Orientierung* weltweit gültig sind, können sämtliche Kulturen objektiv verglichen und systematisch analysiert werden. Das Modell schafft neben der Möglichkeit, die eigene Kultur aufgrund des Vergleichs mit anderen bewusst zu reflektieren, auch das notwendige Wissen, wo kulturbedingte Unterschiede zwischen Angehörigen verschiedener Kulturen zu erwarten sind. Da sämtliche Dimensionen von hoher Relevanz sind für Managamentaufgaben, kann im Training auf Themen eingegangen werden, die für die künftige berufliche Tätigkeit der Teilnehmer von Bedeutung sind.

Aufgrund der Gleichsetzung von Nation und Kultur berücksichtigt das Modell keine regionalen Kulturunterschiede und somit auch nicht die kulturelle Heterogenität von Ländern wie Belgien oder der Schweiz. Intrakulturelle Unterschiede in den individuellen Werten, die auf die Zugehörigkeit zu unterschiedlichen sozialen Schichten zurückzuführen sind, kommen ebenfalls nicht zum Ausdruck.

Mit dem Dimensionen-Modell vermittelt das Training den Teilnehmern eine kognitive Struktur als Orientierungs- oder Referenzsystem für Tätigkeiten in einer fremden Kultur (interkulturelles Wissen). Es stellt ein analytisches, langfristig gültiges Instrumentarium dar, das eigenständig auf unterschiedliche Kulturkreise angewandt werden kann und dem Wunsch der Teilnehmer nach theoretischen Modellen zur Einschätzung und Analyse kultureller Zusammenhänge gerecht wird. Das Modell lässt die Teilnehmer die Gebundenheit ihres Denkens und Verhaltens an die eigene Kultur sowie die Relativität des eigenen kulturellen Rahmens erkennen. Es erleichtert, Menschen mit anderen kulturellen Hintergründen, Werten und Bedürfnisstrukturen zu verstehen und zu akzeptieren. Damit leistet es einen Beitrag zur Entwicklung interkultureller Sensibilität. Darüber hinaus erlaubt das Modell, nicht nur künftige, sondern auch zurückliegende Erfahrungen interkultureller Interaktion kognitiv zu verarbeiten und einzuordnen. Haben die Teilnehmer die Dimensionen des Modells und deren Implikationen einmal verstanden und kennen sie die Skalenwerte einer konkreten Kultur, können sie einschätzen, wo in der interkulturellen Zusammenarbeit Konflikte besonders wahrscheinlich sind. Sie können beurteilen, ob bestimmte Organisations- und Führungskonzepte den Wertvorstellungen in der fremden Kultur entsprechen und die Voraussetzungen für optimale Arbeitsmotivation, Produktivität und Zusammenarbeit beinhalten. In einem zweiten Schritt kann über erforderliche Anpassungen nachgedacht werden.

Das vermittelte kulturübergreifende Wissen ist jedoch sehr abstrakt und ermöglicht in erster Linie eine kognitiv-analytische Auseinandersetzung mit dem Thema Kultur. Die Kenntnis der landesspezifischen Skalenwerte ermöglicht in der Regel nur vage Vorstellungen über deren Auswirkungen im Alltag. Während es Mitarbeitern ohne Auslandserfahrung schwerfallen mag zu akzeptieren, dass sich Vielfalt und Komplexität einer Kultur auf fünf Dimensionen reduzieren lassen, prüfen interkulturell Erfahrene die Aussagekraft des Modells anhand ihrer eigenen Erlebnisse. Werden ihre Erfahrungen bestätigt und anhand der fünf Dimensionen noch dazu sinnvoll geordnet, wächst die Bereitschaft, sich in fremden Kulturen künftig mit Hilfe des Modells zu orientieren. Mit der Zielsetzung des Modells, die Wirklichkeit zu vereinfachen, geht jedoch die Gefahr einher, dass dessen Anwender verstärkt in Stereotypen denken und somit weniger offen sind für kultur- und individuenspezifische Abweichungen von den Modellaussagen.

Das Training, in dem passive Lehrmethoden dominieren, bietet wenig Anhaltspunkte für konkretes Verhalten. Ganz im Sinne der kognitiven Lerntheorie geht es davon aus, dass der Mensch durch Wahrnehmen, Erkennen und Nachdenken (Kognition) zu Einsichten gelangt. Interaktionsprozesse mit Angehörigen der fremden Kultur, das darin liegende Konfliktpotenzial sowie mögliche Strategien der Konfliktvermeidung oder -lösung können nicht am eigenen Leibe erlebt werden. Die gemeinsame Analyse der im Videofilm dargestellten interkulturellen Interaktionsprozesse veranschaulicht zwar die Praxisrelevanz der theoretischen Aussagen des Modells und schult zudem die diagnostischen Fähigkeiten der Teilnehmer, das Training bietet jedoch keine Möglichkeit, die gelernte Theorie in praktisches Handeln umzusetzen und in konkreten Situationen zu erproben. Hinzu kommt, dass situationsgerechtes Handeln kulturspezifischen Wissens bedarf, das über die Interpretation des landesspezifischen Skalenwertes hinausgeht. Die Erweiterung des Verhaltensrepertoires, die für erfolgversprechende Interaktionen mit Angehörigen einer fremden Kultur nötig ist, vermag dieser Trainingsansatz somit nicht zu leisten. Gleiches gilt für kulturspezifische Besonderheiten in der Kommunikation: Das bloße Wissen um die Existenz von Unterschieden in nonverbalen und paraverbalen Codes sowie im Grad der Direktheit der Kommunikation fördert zwar die Sensibilität, vermittelt jedoch keine Sicherheit in der Interaktion. Die verhaltensbezogene Dimension interkultureller Kompetenz wird also nicht angemessen berücksichtigt. Auch Einstellungen der Teilnehmer sind über das kognitive Verständnis der Trainingsinhalte allein kaum zu verändern, eine emotionale Auseinandersetzung mit fremden Kulturen findet nicht statt.

Da das Modell weltweit in der gleichen Form zum Einsatz kommt, können multinationale Konzerne in allen Unternehmensteilen das inhaltlich gleiche Training durchführen. Der kulturübergreifende Trainingsansatz ermöglicht eine hohe Flexibilität hinsichtlich der Zusammensetzung und der künftigen Einsatzmöglichkeiten der Teilnehmer. Daher bietet er sich auch für Mitarbeiter an, die mit Angehörigen verschiedener Kulturen zusammenarbeiten oder für Mitarbeiter, die erst kurz vor ihrer Ausreise erfahren, in welche Kultur sie ihr Auslandseinsatz führen wird. In der Praxis mögen zudem finanzielle Überlegungen für dieses Trainingskonzept sprechen, wenn für Mitarbeiter mit kulturspezifischem Vorbereitungsbedarf keine Plätze in entsprechenden Gruppentrainings verfügbar sind und Einzeltraining aus Kostengründen nicht in Frage kommt.

Der Trainingsansatz ist im Sinne eines kulturübergreifenden Basistrainings gut geeignet, einen kognitiven Rahmen für anschließende kulturspezifische Maßnahmen zu schaffen. Aufgrund seiner Beschränkung auf passive Lehrmethoden ist er unzureichend für die Vorbereitung von Mitarbeitern, die erfolgreich mit Angehörigen fremder Kulturen zusammenzuarbeiten haben. Es vermittelt lediglich interkulturelles Grundwissen und eine Sensibilisierung für die Existenz kulturbedingter Unterschiede im Denken und Handeln und schafft damit ein Fundament, auf dem verhaltensorientierte Trainingsmaßnahmen aufbauen können.

Ein weiterer Vorteil liegt im geringen Zeitaufwand und der Tatsache, dass es sich für die meisten Teilnehmer um vertraute Lehrmethoden handelt. Die Vortragsmethode ist auch für größere Teilnehmerkreise geeignet, die Zusammensetzung der Trainingsgruppe kann kulturell sehr heterogen sein. Es ist denkbar, interkulturelles Training auf der Basis des Hofstede-Modells zum regelmäßigen Bestandteil der allgemeinen Managementausbildung zu machen.

Contrast Culture-Training[32] (Institut für Interkulturelles Management)

Die *Contrast Culture*-Methode wird am Beispiel eines einwöchigen Trainings zur Vorbereitung auf Südostasien dargestellt, das vom *Institut für Interkulturelles Management* (IFIM) als offene, unternehmensexterne Maßnahme durchgeführt wird. Das Institut sammelt und analysiert für verschiedene Länder systematisch Situationen, in denen unterschiedliche Kulturstandards zu Irritationen, Störungen und Konflikten in der Zusammenarbeit zwischen deutschen Mitarbeitern und ausländischen Kollegen führen.

Trainingsangebot und Zielgruppe

Das Training richtet sich an Fach- und Führungskräfte sowie mitreisende Partner, die vor einem Auslandsaufenthalt in Südostasien stehen. Die Relevanz des Trainings im Hinblick auf die künftigen Aufgaben und Rollen der Teilnehmer wird durch eine entsprechende Auswahl der zu behandelnden Kulturstandards sichergestellt. Darüber hinaus erlaubt eine flexible Programmgestaltung, Erfahrungen und Anliegen der Teilnehmer angemessen zu berücksichtigen.

Trainingsablauf und -inhalt

Das Training soll die Komplexität der fremden Kultur durchschaubar machen, indem zentrale, für die Orientierung sinnvolle und notwendige Aspekte dieser Kultur erläutert und Verhaltensmuster mit Hilfe der *Contrast Culture*-Methode aufgezeigt werden. Damit dies glaubwürdig und möglichst authentisch geschieht, wird mit einem bikulturellen Trainer-Team gearbeitet, das aus einem Trainer aus der Kultur der Teilnehmer und einem Co-Trainer aus der Zielregion besteht. Aufgabe des Co-Trainers, im beschriebenen Training handelte es sich um einen Indonesier, ist es, die Kulturstandards der Teilnehmer durch seine Verhaltensstandards zu kontrastieren.

Im Folgenden wird die *Contrast Culture*-Methodik anhand ausgewählter Trainings-Sequenzen verdeutlicht.

Kommunikation zwischen Europäern und Asiaten

Persönlichen Kontakten und Beziehungen im Arbeits-, Geschäfts- und Gesellschaftsleben kommt in Asien ein höherer Stellenwert zu als in Europa. Erstbegegnungen wie Kennenlernen oder Vorstellungsgespräche sowie Kontakte mit Behörden stellen typische Situationen dar, in denen im Rollenspiel mit dem indonesischen Co-Trainer deutlich wird, worauf es in der persönlichen Interaktion zwischen Europäern und Asiaten ankommt. Schnell wird offensichtlich, dass Teilnehmer und Co-Trainer in die gleiche Situation unterschiedliche Denk- und Verhaltensmuster einbringen.

Aus der Sicht des Asiaten bewegt sich das Gespräch vorwiegend auf der Beziehungsebene; der frühe Wechsel des Gegenübers auf die Sachebene wird als geringes Interesse an der eigenen Person interpretiert und ist beleidigend. Während die wichtigen Inhalte der Sachebene in Europa bereits in der ersten Gesprächshälfte behandelt werden, geschieht dies in Asien oft erst im letzten Drittel des Gesprächs. Die Interaktion zwischen einem Asiaten und einem Europäer birgt daher die Gefahr, dass Signale der Sachebene vom Asiaten auf der Beziehungsebene beziehungsweise vom Europäer Signale der Beziehungsebene auf der Sachebene interpretiert werden. Da die Beziehungsebene erheblichen Einfluss auf die Sachebene hat, ist es für die Kommunikationspartner wichtig zu wissen, wo der Fokus liegt.

Ein weiterer Grund für Irritationen und Missverständnisse, die im Rollenspiel immer wieder zu beobachten sind, liegt im Nicht- oder Missverstehen indirekter Kommunikation. Beispielsweise werden in Asien übliche Zeichen der Ablehnung von Europäern gar nicht wahrgenommen. In diesem Zusammenhang werden auch die verschiedenen Bedeutungen erkennbar, die das Wort «Ja» in Asien haben kann: von «Ja, ich höre zu» über «Ja, ich höre zu und verstehe, was Sie meinen» bis hin zu «Ja, ich bin mit Ihren Ideen einverstanden». In der Interaktion mit Asiaten interpretieren Europäer ein «Ja» oft zu früh als Einverständnis.

In Rollenspielen fällt zudem die unterschiedliche Wahrnehmung von Zeit auf: Gesprächspausen sind in Asien üblich und nicht negativ zu interpretieren. Asiaten überlegen sehr genau, was sie sagen und wie sie es sagen. Lässt man ihnen in der Interaktion nicht genügend Zeit, hindert man sie möglicherweise daran, sich in der beabsichtigten Art und Weise zu äußern.

Auch die leise Stimme des asiatischen Gesprächspartners ist für die Trainingsteilnehmer ungewohnt; sie drückt aus, dass er sein Gegenüber als Respektsperson betrachtet. Leises Sprechen kann zudem Ausdruck von Nachdenklichkeit oder ein Hinweis darauf sein, dass man sich über bedeutungsvolle Dinge unterhält.

Erkenntnisse wie diese, die die Teilnehmer im Rahmen der Rollenspiele gewinnen, werden durch die Trainer präzisiert und vertieft.

Die folgenden Lern- und Arbeitsschritte, die für die *Contrast Culture*-Methode charakteristisch sind, bestimmen nicht nur die zuvor beschriebene Trainingssequenz, sondern die gesamte Trainingswoche.

- *Interaktion*
  Ein Teilnehmer interagiert mit dem Co-Trainer als Vertreter der Zielkultur in einer spezifischen Situation mit entsprechender Rollendefinition.

- *Kulturanalyse*
  Die Teilnehmer erarbeiten gemeinsam mit dem Trainer die in dieser Interaktion relevanten Standards der eigenen sowie jene der fremden Kultur.

- *Interaktionsanalyse*
  Anhand einer Videoaufzeichnung des Rollenspiels wird gemeinsam untersucht, wo das Aufeinandertreffen der identifizierten Kulturstandards zu Irritationen oder Konflikten führt und wie diese sich äußern. Hier wird auch deutlich, welche Kulturstandards kompatibel sind.

- *Transferanalyse*
  Aus den Erkenntnissen der Interaktionsanalyse werden Regeln für die interkulturelle Interaktion mit Asiaten abgeleitet und hinsichtlich ihrer Übertragbarkeit auf andere Situationen beurteilt. In diesem Zusammenhang wird auch nach möglichen Synergiepotenzialen gesucht.

Konfliktmanagement

In verschiedenen Fallstudien werden die Teilnehmer mit der ausführlichen Beschreibung interkultureller Konfliktsituationen konfrontiert. Einzeln oder in Gruppen sind die Auslöser des Konflikts zu identifizieren und

Lösungsstrategien zu erarbeiten, die gemeinsam diskutiert oder in Rollenspielen mit dem indonesischen Co-Trainer praktisch erprobt werden. Die im Folgenden skizzierte Fallstudie beschreibt Konflikte im Rahmen eines deutsch-asiatischen Joint Ventures.

Ein in Asien stationierter deutscher Produktionsleiter ist verärgert über die Rekrutierungspraxis des einheimischen Personalchefs, der neue Mitarbeiter ausschließlich aus dem Kreis seiner Verwandten oder aufgrund von Empfehlungen einflussreicher Persönlichkeiten einstellt, auch wenn diese nicht die erforderliche fachliche Qualifikation besitzen. Für Europäer ist nur schwer nachzuvollziehen, welchen Schaden es für ein Unternehmen haben kann, einen Bewerber trotz Empfehlung von hoher Stelle nicht einzustellen oder einen einflussreichen Mitarbeiter zu entlassen. Als der deutsche Produktionsleiter dem Personalchef nachweist, dass hochqualifizierte Bewerber nicht berücksichtigt wurden, eskaliert der Konflikt. Vom Generaldirektor des Joint Ventures, einem ebenfalls in Asien lebenden Deutschen, wird eine Schlichtung erwartet.

Im Rollenspiel geht es darum, das Verhältnis zwischen Produktionsleiter und Personalchef zu verbessern, um auf diese Weise die Voraussetzungen für ein von beiden Seiten akzeptiertes Einstellungsverfahren zu schaffen.

Die Analyse von Fallstudie und Rollenspiel verdeutlicht das unterschiedliche soziokulturelle Verständnis von Konflikt und Konfliktlösung und ermöglicht die Ableitung von grundlegenden Kommunikationsregeln.

In Asien gilt es, im Konfliktfall unter allen Umständen die Harmonie aufrechtzuerhalten und das Gesicht zu wahren.[33] Von den Kontrahenten wird erwartet, dass sie nach einer Konfliktlösung suchen, die für alle Beteiligten tragbar ist. Dies geschieht, indem sich beide Seiten bemühen, Diskrepanzen zu überwinden und Unstimmigkeiten nicht weiter zu erwähnen und statt dessen nach Gemeinsamkeiten zu suchen. Bei Bedarf ist ein Vermittler einzuschalten, beispielsweise eine höhere Instanz. Während Europäer bei Konflikten bestrebt sind, den Sachverhalt möglichst deutlich darzulegen, um eine Klärung herbeizuführen, versucht der Asiat, die Konfliktursache undeutlich zu machen, bis die Harmonie zwischen den Beteiligten wiederhergestellt ist. In Wechselwirkung führen diese konträren Strategien zu einer Eskalation des Konflikts.

Im *Contrast Culture*-Training können grundsätzlich zwei Rollenspielszenarien unterschieden werden: Situationen, die keine Vorgeschichte benötigen, und beziehungsgeprägte Situationen, die eine Vorgeschichte haben. Während Situationen ohne Vorgeschichte spontan simuliert werden können, erfordern beziehungsgeprägte Situationen, die nur einen kurzen Ausschnitt eines längeren Interaktionsprozesses darstellen, die Vermittlung der Vorgeschichte. Dies kann, wie im Falle der Trainingssequenz zum Thema «Konfliktmanagement», durch die Präsentation einer Fallstudie erfolgen.[34] Führungskonflikte beispielsweise entwickeln sich oft über einen längeren Zeitraum, in dem die Interaktionspartner wiederholt zusammentreffen.

Da gleiche Ereignisse je nach kulturellem Hintergund der Beteiligten unterschiedlich wahrgenommen und bewertet werden, beschreiben die Fallstudien die Entwicklung eines Konflikts aus zwei Blickwinkeln: dem eines deutschen Mitarbeiters und dem seines einheimischen Konfliktpartners.

Die Auswahl der Interaktionssituationen erfolgt nach verschiedenen Kriterien:

- *Relevanz*
  Es muss sich um Konflikte handeln, die bei künftigen Interaktionen mit Angehörigen der fremden Kultur mit hoher Wahrscheinlichkeit auftreten. Die Relevanz des Themas ist wesentlich für die Akzeptanz durch die Teilnehmer.

- *Identifikationsmöglichkeit für die Teilnehmer*
  Kulturell geprägte Wahrnehmungs- und Erklärungsmuster gehen in Form von Interpretationen bereits in die Fallstudien mit ein und erleichtern den Teilnehmern, die geschilderten Handlungen aus der jeweiligen Sicht der Beteiligten nachzuvollziehen. Um sich mit der Rolle des beschriebenen deutschen Mitarbeiters identifizieren zu können, müssen die Teilnehmer dessen Absichten und Vorgehensweisen ebenso nachvollziehen können wie die geschilderten Schwierigkeiten, deren Erklärungen und die durch sie ausgelösten Emotionen.

Darüber hinaus müssen folgende Kriterien berücksichtigt werden:

- *Nachvollziehbarkeit der Position des Einheimischen*
- *Überschaubarkeit des Konflikts und seiner Vorgeschichte*
- *Handlungsdruck*
- *Glaubwürdigkeit des Szenarios*

Entscheidungsfindung

Entscheidungsprozesse verlaufen in asiatischen Unternehmen anders, als Europäer es gewohnt sind. In einem Rollenspiel wird deutlich, wo die zentralen Unterschiede liegen. Wird beispielsweise ein Konzept vorgestellt und diskutiert, richtet sich in Asien die Redefolge der Teilnehmer nach deren Position in der Hierarchie. Da Kritik gegenüber Höherrangigen nicht möglich ist, beteiligen sich diese erst gegen Ende der Sitzung aktiv an der Diskussion. Hat sich ein Teilnehmer geäußert, greift der nachfolgende Redner nur die Aspekte auf, die er positiv bewertet; Kritikpunkte werden von ihm nicht mehr angesprochen (vgl. Tabelle 5). Die Verhaltensweise, Gesagtes nicht wieder aufzugreifen und damit indirekt zu kritisieren erfordert eine große Aufmerksamkeit beim Verfolgen der Diskussion.

Im Verlauf des Trainings sollen die Teilnehmer sukzessive die Grundregeln der fremden Kultur erarbeiten, ohne dabei die vertrauten und in der eigenen Kultur bewährten aufzugeben. Sie sollen lernen, je nach Interaktionspartner ein der Situation angemessenes Verhalten zu zeigen.

In einem nächsten Schritt gilt es, diese Grundregeln in übergreifende Ordnungsprinzipien zu integrieren. Dazu werden alle bisher bearbeiteten Rollenspielsituationen und Fallstudien noch einmal unter der Fragestellung betrachtet, ob bestimmte, für die Teilnehmer problematische Aspekte der fremden Kultur immer wieder auftauchen. Das Ergebnis dieser Analyse entspricht weitgehend den von Hofstede identifizierten zentralen Kulturdimensionen, die sich wie ein roter Faden durch das Training ziehen. Anhand des Dimensionen-Modells werden die bisherigen Erkenntnisse systematisiert und durch die Untersuchungsergebnisse Hofstedes bestätigt.

Tabelle 5 Contrast Culture-Profil:
Diskussionsstil in Deutschland und in Südostasien[35]

in Deutschland	*in Südostasien*
▪ Formulierung einer These durch einen beliebigen Teilnehmer	▪ Die Leitung formuliert das Problem, betont Gemeinsamkeit, moderiert.
▪ Zuhörer prüfen die These: Ist sie falsch oder unvollständig?	▪ Ein rangniedriger Mitarbeiter formuliert eine (vage) These
▪ Formulierung von Gegenthese(n) bzw. Schwachstellenanalyse	▪ Die Zuhörer prüfen: Was davon ist verwendbar?
▪ Klärung der Positionen durch Polarisierung, Gegenreden, Kritik	▪ Positives Aufgreifen dessen, was verwendbar erscheint: Ergänzung, Modifikation.
▪ Wettstreit der Argumente	▪ Der nächste Redner modifiziert das Gesagte nochmals.
▪ Auseinandersetzung auf der Sachebene: unpersönlich, Trennung von Person und Sache. Die besten Argumente sollen sich durchsetzen.	▪ Suche nach positiver Synthese und Konsens. Gemeinsame Lösungsfindung ohne Gesichtsverlust für die einzelne Person.
▪ Die Diskussion endet, wenn der Sachverhalt geklärt ist.	▪ Die Diskussion endet, wenn die Leitung die Synthese verkündet.
▪ Beteiligung aller ohne Unterschied nach Rang und Alter möglich: Die Qualität der Argumente zählt.	▪ Klare Rednerreihenfolge nach Rang, Ansehen und Alter. Die Leitung eröffnet und schließt die Diskussion.
▪ Atmosphäre: informell, locker, auch emotional heftig, intellektueller Wettstreit	▪ Atmosphäre: formal, höflich, respektvoll und korrekt, Rhetorik ist wichtig

Kritische Beurteilung

Im Gegensatz zum Training mit dem Fünf-Dimensionen-Modell, das in erster Linie eine kognitive Vorwegnahme kulturspezifischer Denk- und Verhaltensweisen anhand von abstrakten Skalenwerten ermöglicht, vermittelt das *Contrast Culture*-Training nicht nur interkulturelles Wissen und interkulturelle Sensibilität, sondern auch und vor allem praxisnahe landes- oder regionenspezifische interkulturelle Handlungskompetenz. Erreicht wird dieses Ziel durch die kulturspezifische Ausrichtung des Trainings sowie durch den intensiven Einsatz von Rollenspielen.

Die Kombination passiver und aktiver Lehrmethoden ermöglicht, gleichzeitig kognitive, affektive und verhaltensorientierte Trainingsziele zu verfolgen und trägt der Tatsache Rechnung, dass sich die Teilnehmer in ihren Lernstilen unterscheiden. Nach Erkenntnissen der sozialen Lerntheorie haben aktive Lehrmethoden gegenüber passiven den Vorteil, dass das Gelernte besser behalten wird. Zudem fördern sie problemorientiertes Lernen.

Die *Contrast Culture*-Methode nutzt Kulturstandards, die für das Problemlösungsverhalten in vielen westlichen Kulturen typisch sind. Europäer werden bereits in der Schule in Methoden des analytischen Denkens und Arbeitens trainiert; die Polarisierung zur Klärung von Sachverhalten und das Herausarbeiten und Bewerten von Alternativen sind vertraute Vorgehensweisen. Die *Contrast Culture*-Methode nutzt diese Fähigkeit, in Alternativen zu denken: Die Gegenüberstellung und vergleichende Analyse unterschiedlicher Denk- und Verhaltensweisen macht unterschiedliche Kulturstandards deutlich, die im jeweiligen kulturellen Kontext vernünftig und in sich schlüssig sind. Das Training streicht jedoch nicht ausschließlich Unterschiede, sondern auch Gemeinsamkeiten der betrachteten Kulturen heraus.

Charakteristisch für das *Contrast Culture*-Training ist der Einsatz eines bikulturellen Trainerteams. Angehörige der fremden Kultur können die kulturspezifischen Verhaltensweisen authentisch demonstrieren und ermöglichen eine glaubwürdige Konfrontation mit der fremden Kultur. Um ihr Wissen und ihre Fähigkeiten qualifiziert vermitteln zu können, sollten auch diese ausländischen *resource people* angemessen für ihre Trainerrolle geschult sein.

Kulturspezifische Rollenspiele, wie sie im Rahmen der *Contrast Culture*-Methode zum Einsatz kommen, bieten gegenüber anderen Trainingsmethoden eine Reihe von Vorteilen. Sie stellen gezielt die Bewältigung interkultureller Irritationen, Störungen und Konflikte in den Mittelpunkt und bieten die Möglichkeit, bereits im Vorfeld interkultureller Kontakte mit einem Angehörigen der fremden Kultur zu interagieren und so Gedanken und Gefühle vorwegzunehmen, die in Alltagssituationen aufkommen werden. Das Training konzentriert sich auf Situationen, die für die künftige Tätigkeit der Teilnehmer relevant sind, individuelle Bedürfnisse werden berücksichtigt, so weit dies die Zusammensetzung der Gruppe erlaubt.

In den Rollenspielen erleben die Teilnehmer kulturelle Eigenarten des Interaktionspartners und erfahren, welche Interpretationen und Reaktionen ihr Verhalten bei ihm auslöst. Rollenspiele lassen die Teilnehmer jedoch nicht nur die fremden, sondern auch die eigenen Kulturstandards erleben und schaffen damit gleichzeitig Bewusstsein für die eigene kulturelle Prägung. Die Erkenntnis, dass gleiches Handeln interkulturell zum Teil kontrovers bewertet wird und unterschiedliche Reaktionen zur Folge hat, führt zu einer beabsichtigten Verunsicherung der Teilnehmer und macht die Notwendigkeit interkultureller Kompetenz deutlich. Damit diese Verunsicherung nicht demotiviert, sondern die intrinsische Motivation zum interkulturellen Lernen positiv beeinflusst, benötigen die Teilnehmer bereits möglichst früh im Trainingsverlauf wahrnehmbare Lernerfolge. Für das induktive Vorgehen über Einzelsituationen bedeutet dies, dass für jede erlebte Verunsicherung die kulturbedingten Ursachen gefunden und anschließend positive Möglichkeiten aufgezeigt werden müssen, wie vergleichbare Situationen künftig erfolgreicher bewältigt werden können. Aufgabe der Trainer ist dabei, offensichtliche Probleme und Konflikte in der interkulturellen Interaktion auf inkompatible Kulturstandards zurückzuführen, und nicht etwa auf persönliches Versagen der Teilnehmer. In weiteren Rollenspielen besteht dann die Möglichkeit, neue, jedoch erfolgversprechendere Verhaltensweisen zu erproben. Konstruktives Feedback und positive Verstärkung (*reinforcement*) von Seiten der Trainer durch positive Beurteilung und Lob schaffen die notwendige Motivation, das Gelernte in der Praxis anzuwenden.

Für den Trainingserfolg entscheidend ist eine qualifizierte Auswertung dessen, was sich in den Interaktionen zuträgt. Die Videoaufzeichnung der Rollenspiele ermöglicht eine kritische Analyse der gezeigten Verhaltensweisen. Signalisiert der Co-Trainer in nachfolgenden Rollenspielen mit seinen Reaktionen, dass das entstehende, neue Orientierungssystem funktionsfähig und das gezeigte Verhalten angemessen und effektiv ist, stellt dies für die Teilnehmer ein Erfolgserlebnis dar. Der innere Widerstand, fremde Denk- und Verhaltensmuster zu akzeptieren, wird durch die Erkenntnis gebrochen, dass in der fremden Kultur die Orientierung an anderen Kulturstandards durchaus sinnvoll und erfolgreich ist. Teilnehmer, die einen paternalistischen Führungsstil grundsätzlich ablehnen, müssen im Training beispielsweise erkennen und akzeptieren, dass dieses Führungsmodell in Ländern ohne verlässliches Sozialversicherungsnetz eine angemessene Antwort auf den gesellschaftlichen Kontext darstellt und nicht nur für den Patriarchen, sondern auch für die Untergebenen von Vorteil ist.

Die Rollenspiele ermöglichen somit Lernprozesse auf drei Ebenen:

- *Learning by Doing*
  Rollenspiele ermöglichen Lernen durch Praktizieren und Experimentieren (Trial-and-Error-Methode). Um nonverbale und paraverbale Codes in der interkulturellen Kommunikation zu verstehen und anzuwenden oder um sich mit Strategien indirekter Kommunikation vertraut zu machen, um nur zwei Beispiele zu nennen, sind aktive Trainingsmethoden wie Rollenspiele unverzichtbar. Dank der Videoaufzeichnungen können die Akteure sich selbst als Interagierende sehen und damit ihre Position in der Interaktion objektivieren.

- *Lernen durch Beobachtung und Feedback*
  Rollenspiele ermöglichen nicht nur den beteiligten Akteuren selbst Lerneffekte, sondern auch den anderen Trainingsteilnehmern, die eine Beobachterrolle einnehmen. Um sicherzustellen, dass sich diese auf das Wesentliche konzentrieren, kann der Trainer Beobachtungshinweise geben.

- *Lernen durch Analyse und Konzeptionalisierung*
  Beobachtung und Feedback erlauben eine Analyse dessen, was sich in der Interaktion abgespielt hat. Ein Diskussionsplan stellt sicher, dass alle relevanten Aspekte thematisiert werden. Doch auch während des Rollenspiels kann der Trainer bereits Fragen an die Akteure richten, beispielsweise: Welche Kulturstandards haben das Handeln der Beteiligten bestimmt? Welche Verhaltenserwartungen wurden erfüllt beziehungsweise nicht erfüllt? Wie kam dies verbal, nonverbal und paraverbal zum Ausdruck?

Nachdem verschiedene Rollenspiele analysiert sind, können die Teilnehmer nach dem induktiven Prinzip «vom Speziellen zum Allgemeinen» übergreifende Konzepte menschlichen Denkens und Handelns herausarbeiten, die in den Sequenzen deutlich wurden.

Im Gegensatz zum Lernen aus der praktischen Erfahrung zieht das Verhalten im Rollenspiel keine realen Konsequenzen nach sich. Zu berücksichtigen ist jedoch, dass die Interaktionen in der sicheren Trainingsumgebung stattfinden und künftige Alltagssituationen noch einmal höhere Anforderungen an die Teilnehmer stellen. Ein erfolgreicher Lerntransfer ist um so wahrscheinlicher, je ähnlicher die Rollenspielsituationen den zu erwartenden Alltagssituationen sind. Da in Rollenspielen deutlich wird, inwieweit die Teilnehmer bisher Gelerntes in ihren Verhaltensweisen konstruktiv umsetzen können, eignen sich Rollenspiele auch als Instrument zur Beurteilung des erreichten Grades interkultureller Kompetenz und damit zur Diagnose des weiteren Trainingsbedarfs.

Anhand der Fallstudien und Rollenspiele werden im *Contrast Culture*-Training Schritt für Schritt typische Verhaltensmuster der fremden Kultur erarbeitet, die sich wie ein Puzzle zu den groben Strukturen eines Orientierungssystems zusammenfügen. Haben die Teilnehmer die zentralen Kulturstandards einmal erkannt und verstanden, werden bislang überraschende Reaktionen nun in ihren Grundzügen vorhersehbar. Der systematische Aufbau des Trainings erlaubt den Teilnehmern, Erkenntnisse in nachfolgenden Rollenspielen umzusetzen und dabei Lernfortschritte zu erkennen.

Der Einsatz von Rollenspielen beinhaltet jedoch auch Risiken. Zu Beginn des Trainings haben die Teilnehmer meist eine klare Vorstellung davon, wie sie ein Gespräch führen oder eine Aufgabe angehen. Im Rollenspiel müssen sie dann jedoch feststellen, dass die bewährte, ihnen vertraute Herangehensweise nicht zum Ziel führt. Zudem besteht oft Unklarheit über die Absichten und Motive des Gegenübers. Die Durchführung von Rollenspielen erfordert daher neben einer vertrauensvollen Atmosphäre in der Trainingsgruppe ein erfahrenes Trainerteam, das über eine hohe Sozialkompetenz verfügt und effektiv und verantwortungsbewusst mit dieser Methode umzugehen weiß. Erste Kulturschockerlebnisse können für die Teilnehmer belastend sein und mitunter zu heftigen emotionalen Reaktionen, im Extremfall zum Abbruch der Teilnahme führen. In solchen Fällen kann dem Training sogar eine Selektionsfunktion zukommen.

Contrast Culture-Trainings können auch mit Teilnehmern aus zwei unterschiedlichen und somit kontrastierenden Kulturen durchgeführt werden. Dann ist die Beteiligung eines Co-Trainers nicht zwingend erforderlich. Zu bedenken ist jedoch, dass die Methode bei Angehörigen von Kulturen, in denen kontrastierendes Denken und Rollenspiele weder geschätzt noch geübt werden, auf Ablehnung stoßen kann.

Vorbereitung und Durchführung eines Contrast Culture-Trainings sind aufwändig. Wird das Training aus Zeit- oder Kostengründen auf zwei bis drei Tage verkürzt, geschieht dies zwangsläufig zu Lasten der Fallstudien und Rollenspiele und hat zur Folge, dass primär kognitive Methoden eingesetzt werden. Um die Vorteile, die die Contrast Culture-Methode gegenüber anderen Trainingsansätzen bietet, voll ausschöpfen zu können, sollte daher die Trainingsdauer mindestens eine Woche betragen.

Interkulturelles Training bei Bosch

Stand der Globalisierung

Die Bosch-Gruppe, die bereits vor einem Jahrhundert eigene Auslandsvertretungen gründete, beschäftigte im Jahre 2000 knapp 200'000 Mitarbeiter, davon über die Hälfte in mehr als fünfzig Ländern außerhalb Deutschlands. Rund 1000 Mitarbeiter halten sich als Expatriates ständig für mehrere Jahre im Ausland auf. Die Internationalisierung der Gruppe wird als strategischer Erfolgsfaktor betrachtet und im Unternehmen an hochrangiger Stelle verantwortet, die internationale Orientierung des Unternehmens ist erklärter Bestandteil der Geschäftspolitik. Das Qualitätsdenken im Unternehmen schließt auch Prozesse interkultureller Zusammenarbeit ein. Bei der Übernahme von Führungspositionen werden, bei mehreren Kandidaten mit vergleichbarer Eignung, Mitarbeiter mit internationaler Erfahrung bevorzugt.

Seit einigen Jahren ist eine Tendenz von entwicklungs- zu selektionsorientierter Mitarbeiterentwicklung zu beobachten, wobei Internationalität bereits bei der Rekrutierung von Hochschulabsolventen als wichtiges Kriterium gilt.

Interkulturelle Trainings

Vorbereitende Maßnahmen:

- *Auslandsvorbereitungsseminar*
  Dieses zweieinhalbtägige Seminar, das die mit einer Versetzung in das Ausland verbundenen Fragen behandelt (Vertrag, Steuern und Versicherung, Wohnung und Umzug, Gesundheit), wird bereits seit zwanzig Jahren durchgeführt und findet aufgrund der großen Zahl an Auslandsversetzungen einmal monatlich statt. Es richtet sich nicht nur an Mitarbeiter, sondern auch an mitreisende Partner und dient der Informationsvermittlung. Das Seminar bietet die Gelegenheit zu einem Gespräch mit Rückkehrern, die mit den lokalen Verhältnissen vertraut sind. In Workshops werden Probleme erörtert, die sich für mitreisende Partner im Verlauf des Auslandseinsatzes ergeben können, und angemessene Bewältigungsstrategien entwickelt. Die Teilnahme an diesem Seminar sollte nicht später als drei Monate vor der Ausreise erfolgen.

- *Interkulturelles Vorbereitungstraining*
  Das interkulturelle Vorbereitungstraining bildet den zweiten Teil der Auslandsvorbereitung. An diesem Training können auch ältere mitreisende Kinder des Mitarbeiters teilnehmen. Es wird für alle Länder angeboten, in denen die Bosch-Gruppe vertreten ist, und kann für Einzelpersonen, Kleingruppen oder Gruppen von maximal 16 Teilnehmern durchgeführt werden. Gruppentrainings erfordern zweieinhalb bis fünf, Einzel- und Kleingruppentrainings ein bis zwei Trainingstage. In der Regel werden Angebote externer Trainingsanbieter genutzt, beispielsweise *Contrast Culture*-Trainings des Instituts für Interkulturelles Management. In den vergangenen Jahren wurden verschiedene Vorbereitungsmaßnahmen für Einsätze in Japan und China in Kooperation mit einem deutschen Automobilkonzern durchgeführt.
  Die Trainingsteilnehmer lernen die Kulturstandards des Ziellandes kennen und erhalten so eine Orientierung, die ihnen ermöglicht, das Verhalten in der fremden Kultur zu verstehen und interkulturelle Konflikte frühzeitig zu erkennen. Neben Vorträgen kommen verschiedene Verhaltensübungen, vor allem Rollenspiele, zum Einsatz. Weitere Trainingsinhalte sind Kommunikations-, Führungs- und Arbeitsverhalten, Umgang mit Konflikten, Kulturschock sowie die Rollen von Frauen und Kindern in der fremden Kultur.

- *Integrations-Workshop*
  Zielgruppe des zweieinhalbtägigen Integrations-Workshops sind ausländische Fach- und Führungskräfte der Bosch-Gruppe, die nach Deutschland versetzt werden sowie deren Partner. Der Workshop soll die Teilnehmer für kulturelle Unterschiede sensibilisieren und die Integration in das deutsche Berufs- und Alltagsleben erleichtern. Neben Informationen über kulturbedingte Unterschiede werden auch aktive, verhaltensorientierte Trainingsmethoden eingesetzt. Der Integrations-Workshop entspricht im Aufbau dem interkulturellen Training für ausreisende deutsche Mitarbeiter, hat jedoch «Leben und Arbeiten in Deutschland» zum Thema.

- *Interkulturelles Management-Training*
  Das zweieinhalbtägige interkulturelle Management-Training richtet sich an Fach- und Führungskräfte, die häufig Kontakte mit ausländischen Geschäftspartnern haben sowie an Vorgesetzte ausländischer Mitarbeiter und Mitarbeiter ausländischer Vorgesetzer. Die Teilnehmer werden für die Kulturgebundenheit des menschlichen Denkens und Handelns sensibilisiert und erhalten Einblick in zentrale Standards fremder Kulturen. Das Training verdeutlicht die besonderen Anforderungen interkultureller Kommunikationsprozesse und soll dazu befähigen, mit Vertretern fremder Kulturen erfolgreich zu interagieren.
  Die Grundlage des Trainings bildet das Kultur-Modell Hofstedes, mit dessen Hilfe der Einfluss von Kultur auf Arbeitsstile, Managementtechniken und Organisationsstrukturen dargestellt wird. Fallstudien und Rollenspiele machen Kulturunterschiede erlebbar.

- *Interkulturelles Projektmanagement*
  Das Seminar über interkulturelles Projektmanagement vermittelt kulturspezifisch wirksame Techniken für Verhandlungen mit ausländischen Projektpartnern und wird für die Volksrepublik China, für Japan und Russland angeboten.

- *Look-and-See-Trip*
  Bevor sich Mitarbeiter und deren Partner endgültig für einen Auslandseinsatz entscheiden, erhalten sie die Gelegenheit zu einem mehrtägigen Informationsbesuch am künftigen Aufenthaltsort. Ein solcher Look-and-See-Trip ermöglicht, erste Eindrücke von der fremden Umwelt zu gewinnen, noch fehlende Informationen zu beschaffen und unrealistischen Erwartungen vorzubeugen.

Begleitende Maßnahmen:

- *Transfer-Seminare*
  In eintägigen Transfer-Seminaren können die Teilnehmer ihre praktischen Erfahrungen in der interkulturellen Zusammenarbeit vor dem Hintergrund des Kultur-Modells von Hofstede reflektieren. Sie haben die Gelegenheit, persönliche Erlebnisse gemeinsam mit dem Trainer

und anderen Teilnehmern zu analysieren und Sicherheit im Erkennen der Konflikt- und Synergiepotenziale in der interkulturellen Interaktion zu gewinnen.

- *Interkulturelle Teamentwicklung*
  Zielgruppe dieses Trainings sind Mitglieder multikultureller Teams, deren Effizienz durch Probleme in der Zusammenarbeit beeinträchtigt ist. Diskussionen, Simulationen und Rollenspiele sollen dazu beitragen, die Wechselwirkungen unterschiedlicher, kulturgeprägter Verhaltensmuster zu verstehen, etwas über die zentralen Kulturstandards der jeweiligen Gruppenmitglieder zu lernen und Konflikt- und Synergiepotenziale zu erkennen.
  Bei Simulationen handelt es sich um klar definierte (Spiel)-Situationen, in denen die Teilnehmer als Mitglieder unterschiedlicher Phantasie-Kulturen nach vorgegebenen Verhaltensregeln miteinander interagieren. Die Teilnehmer einer Gruppe kennen zunächst nicht die Spielregeln, die das Verhalten der anderen Gruppe(n) bestimmen. Simulationen sollen dazu anregen, sich eine fremde Kultur und deren Regeln schrittweise selbst zu erschließen.
  Der Verlauf von Rollenspielen ist weit weniger vorhersehbar, da den Teilnehmern lediglich eine Ausgangssituation geschildert wird, die es weiterzuspielen gilt. Dazu schlüpfen sie in konkrete Rollen, die sich an ihren Aufgaben im interkulturellen Umfeld orientieren. Glaubwürdig und authentisch sind Rollenspiele vor allem dann, wenn jeder Teilnehmer seine eigene Kultur verkörpert.
  Fallstudien, die unter Zeitdruck im Team zu lösen sind, führen zur beabsichtigten Eskalation von Konflikten. Gemeinsam werden anschließend die Störfaktoren identifiziert und vor dem Hintergrund kultureller Unterschiede analysiert. Bei Bedarf werden zudem Wahrnehmungs- und Vertrauensübungen durchgeführt. Auf der Suche nach neuen Formen der Zusammenarbeit gilt es, kulturelle Unterschiedlichkeit als Potenzial konstruktiv zu nutzen.
  Den Maßnahmen zur interkulturellen Teamentwicklung geht eine Kontextanalyse voraus, um Ängste, Erwartungen und Informations-Defizite der Partner festzustellen und gezielt intervenieren zu können.

Oft handelt es sich um Projektteams im Rahmen von Joint Ventures, die aufgrund eskalierender Konflikte bereits unter Leidensdruck stehen. Der Bedarf an Unterstützung in Form interkultureller Projektbegleitung nimmt seit einigen Jahren deutlich zu.

- *Interkulturelles Coaching*
  An international tätige Fach- und Führungskräfte, die eine intensive Unterstützung und längerfristige Betreuung im interkulturellen Lebens- oder Arbeitskontext benötigen, richtet sich das Angebot des interkulturellen Coachings. Es soll ermöglichen, die Wechselwirkungen unterschiedlicher kulturell geprägter Verhaltensmuster und Persönlichkeitsstile zu erkennen sowie erlebte Konflikte und Schwierigkeiten vor dem Hintergrund eigener Stärken und Schwächen sowie der eigenen Entwicklung zu verstehen. Zentrale Themen sind Kommunikations-, Führungs- und Arbeitsverhalten sowie Strategien zur Konfliktbewältigung.

- *Einsatz von Mentoren*
  Als Mentoren werden Mitarbeiter eingesetzt, die in einer deutschen Niederlassung der Bosch-Gruppe tätig sind und über Erfahrung in interkultureller Zusammenarbeit verfügen. Sie müssen das Vertrauen des zu Betreuenden genießen und diesem hierarchisch übergeordnet sein. Sie stehen ihrem Schützling als beratender Ansprechpartner zur Seite.

Maßnahmen nach der Rückkehr des Mitarbeiters:

- *Reintegrations-Workshop*
  Zielgruppe des dreitägigen Reintegrations-Workshops sind Fach- und Führungskräfte, die von einem Auslandseinsatz zurückkehren sowie deren Partner und gegebenenfalls ältere Kinder. Sie erhalten Informationen über Bosch und den Standort Deutschland und haben die Gelegenheit, ihre Auslandserfahrungen zu reflektieren. Workshop-Ziel ist es, die gewonnene interkulturelle Kompetenz im Privat- und Geschäftsleben realistisch einzuschätzen und angemessen zu nutzen.

Maßnahmen im Rahmen der Nachwuchsförderung

Für Mitglieder des Bosch-Förderkreises, dem rund 1000 Mitarbeiter mit überdurchschnittlichem Entwicklungspotenzial angehören, finden mehrmals im Jahr «Fördertage» statt. Ein zentrales Ziel dieser Veranstaltungen ist, alle Nachwuchskräfte frühzeitig für die besonderen Anforderungen und Probleme interkultureller Zusammenarbeit zu sensibilisieren. Als Multiplikatoren sollen sie ihre interkulturelle Kompetenz in die Bosch-Geschäftsbereiche im In- und Ausland tragen.

Im Folgenden werden exemplarisch einige Sequenzen aus den Fördertagen vorgestellt:

Zunächst werden Grundlagen interkulturellen Wissens vermittelt. Die Bedeutung der Begriffe «Kultur» und «Werte», das Kulturmodell von Hofstede, Modelle der interkulturellen Kommunikation und die Anpassungsprozesse in fremden Kulturen, um nur einige Beispiele zu nennen. Konkrete Praxisbeispiele für kulturbedingte Konflikte bei Bosch und deren Hintergründe verdeutlichen die Relevanz des Themas.

Grundsätzlich dominieren verhaltensorientierte Trainingsmethoden. Es wird betont, dass Offenheit und Unvoreingenommenheit für den Trainingserfolg von Bedeutung sind und es sich bei den Fördertagen nicht um ein Assessment handelt. Stellvertretend für kulturübergreifende Simulationen sei hier das «Brückenbauer-Spiel» genannt. Die Teilnehmer werden in zwei multikulturelle Gruppen eingeteilt. Die eine Gruppe verkörpert westliche Ingenieure, die in einer Phantasie-Kultur für die dort lebenden Menschen eine Brücke bauen sollen. Diese Fremden, gespielt von der anderen Teilnehmergruppe, zeigen sich jedoch weit mehr daran interessiert, die Ingenieure zunächst einmal persönlich kennenzulernen. Die Projektplanung für den Brückenbau scheint für sie eher unwichtig zu sein. Die Teilnehmer bestimmen aus ihrem Kreis einen Moderator, der die Diskussionsleitung übernimmt und die Gruppen bei der Suche nach den Konfliktursachen unterstützt.

Am Abend sind die Teilnehmer aufgefordert, kulinarische Spezialitäten ihrer Heimat zu präsentieren und zu erläutern, aus welchen Zutaten diese zubereitet und zu welchen Anlässen sie serviert werden. Dabei wird die Identifikation mit der eigenen Kultur für alle erlebbar.

Für die Durchführung eines Rollenspiels werden die Teilnehmer am folgenden Tag in drei Gruppen aufgeteilt und beauftragt, eine bestimmte Anzahl «Zeitungen» gemäß einer Vorlage zu produzieren. Die erforderlichen Hilfsmittel stehen zur Verfügung. Vor Produktionsbeginn ist ein Leiter zu bestimmen und als solcher kenntlich zu machen. Die ablaufenden Gruppenprozesse werden unter folgenden Fragestellungen beobachtet:

- Wie wird der Leiter bestimmt?
- Wie wird er «markiert»?
- Wie organisieren sich die Gruppenmitglieder?
- Wer übernimmt welche Rolle beziehungsweise Aufgabe?
- Wo entstehen Synergien im Produktionsprozess?
- Hat bei der anschließenden Produktion letztlich ein anderer, informeller Leiter die Führungsfunktion (Dominanzverschiebung)?

Einer der Trainingstage findet in einem Bosch-Geschäftsbereich statt. Die Teilnehmer haben im Rahmen einer Fallstudie ein aktuelles Problem dieses (Geschäfts-)Bereichs zu bearbeiten. Wiederum erfolgt eine Einteilung in multikulturelle Gruppen. Die Bearbeitung der Fallstudie geschieht unter Zeit- und damit Leistungsdruck, der unbewusste, jedoch typische Verhaltensweisen der Teilnehmer hervor bringt. Mit der Fallstudienarbeit werden verschiedene Ziele verfolgt: Erleben kulturbedingter Spannungen in der Zusammenarbeit, Wahrnehmung der Kreativität einzelner Teilnehmer, Erkennen, dass eher zurückhaltende Teammitglieder oft unbeabsichtigt aus dem Gruppenprozess ausgeschlossen werden.

Die gemeinsam erarbeiteten Ergebnisse werden schließlich dem Geschäftsbereichsleiter präsentiert. Schon mehrmals wurden so im Rahmen der Fördertage wertvolle Ideen für Problemlösungen generiert. Ein Vertreter des Geschäftsbereichs, der im Vorfeld der Fördertage zum Prozessbeobachter ausgebildet wurde, teilt anschließend seine Eindrücke von der interkulturellen Teamarbeit mit.

Gegen Ende der Fördertage bereiten die Teilnehmer in monokulturellen Kleingruppen Präsentationen ihrer Heimatkultur anhand des Hofstede-Modells vor. So können die wichtigsten Unterschiede zwischen den vertretenen Kulturen herausgestellt und Beispiele dafür gesammelt werden, wie sich diese in der Zusammenarbeit äußern. Zum Abschluss der

Fördertage hat jeder Teilnehmer hinsichtlich des Themas «kulturelle Unterschiede» einen persönlichen Vorsatz zu fassen, beispielsweise künftig mehr auf die Besonderheiten ausländischer Kunden einzugehen.

Interkulturelle Toolbox

Um die Entwicklung interkultureller Kompetenz in der Bosch-Gruppe weltweit voranzutreiben, wurde eine interkulturelle Toolbox entwickelt. Sie enthält die wichtigsten Trainingskonzepte und -methoden zur Entwicklung interkultureller Kompetenz. Grundsätzlich werden fünf Situationen unterschieden, die Trainingsbedarf auslösen:

1. relocation (längerfristige Entsendung ins Ausland)
2. short-term placement (Kurzzeitentsendungen)
3. business trips abroad (Geschäftsreisen ins Ausland)
4. reintegration after long-term relocation (Reintegration nach Auslandseinsätzen)
5. business contacts with foreigners (Geschäftskontakte mit Angehörigen fremder Kulturen)

Anhand eines Fragebogens ist zu bestimmen, auf welche kulturellen Situationen ein Mitarbeiter vorbereitet werden soll und welche Vorkenntnisse er besitzt. Insgesamt stehen zehn Trainingsmodule zur Verfügung.

In verschiedenen Modulen wird die kulturallgemeine Simulation «Bafa Bafa» empfohlen, die ursprünglich für die interkulturelle Vorbereitung in der US-Navy entwickelt wurde. Teilnehmer werden in zwei hypothetische Kulturen aufgeteilt, die sich in ihren Werten, Normen und Verhaltensweisen stark voneinander unterscheiden.

Kultur Alpha ist eine patriarchalische oder matriarchalische Kultur, deren Angehörige freundlich und warmherzig miteinander umgehen. Freundschaften genießen einen hohen Stellenwert und können nur durch ein bestimmtes Ritual geschlossen werden. Die Kultur bedient sich einer Sprache, die alle Teilnehmer beherrschen.

Bei Kultur Beta handelt es sich um eine egalitäre Kultur, in der dem Ansammeln von Punkten höchste Priorität eingeräumt wird. Punkte können nur durch den Handel mit anderen erzielt werden. Je mehr die Mitglieder dieser Kultur handeln, desto mehr Punkte können sie ansammeln.

In dieser Kultur wird eine «künstliche» Sprache gesprochen, zum Beispiel dienen bestimmte Tierlaute der Verständigung untereinander.

Teilnehmer erhalten schriftliche Instruktionen, wie sie sich entsprechend ihrer Kulturzugehörigkeit zu verhalten haben. Nachdem sie die Regeln und Normen ihrer Kultur sowie das entsprechende Verhalten erlernt und eingeübt haben, wird aus jeder Kultur ein Beobachter in die andere Kultur geschickt. Nach seiner Rückkehr soll er die anderen Mitglieder ihrer Kultur auf die ihnen bevorstehende Begegnung mit der fremden Kultur vorbereiten.

Danach werden die Teilnehmer einzeln oder zu zweit in die jeweils andere Kultur geschickt, um mit deren Mitgliedern zu kommunizieren. Dabei werden Unsicherheit, Verwirrung und Frustration erlebt, teilweise kommt es zu aggressivem Verhalten gegenüber den Fremden.

Nach diesen Begegnungen erfahren die Teilnehmer, warum sich die Angehörigen der anderen Kultur so seltsam verhalten haben. In einer anschließenden Diskussion erörtern die Teilnehmer, wie sie ihre eigene und die fremde Kultur wahrgenommen haben, welche Gefühle sie bei der Begegnung hatten und welche Faktoren die Kommunikation erschwert haben. Für die Simulation und die anschließende Nachbereitung, in der auch Themen wie Werte, Kulturschock oder nonverbales Verhalten behandelt werden, sind mindestens drei Stunden erforderlich.

Kritische Beurteilung

Die internationale Orientierung der Bosch-Gruppe ist zentraler Bestandteil der Unternehmenspolitik und spiegelt sich in der Personalpolitik wieder: Die Schulung interkultureller Kompetenz erfolgt im Rahmen eines Gesamtkonzepts, das auf der Internationalisierungsstrategie und der konsequenten Qualitätsorientierung des Unternehmens basiert und das Maßnahmen zur Vorbereitung, Betreuung und Reintegration umfasst und aufeinander abstimmt. Dieses Konzept setzt nicht erst bei Trainingsmaßnahmen, sondern bereits bei einer sorgfältigen Selektion geeigneter Kandidaten für Aufgaben in der interkulturellen Zusammenarbeit an. Dabei gelten verschiedene Persönlichkeitseigenschaften als *conditio sine qua non* oder zumindest als hilfreich für die Entwicklung interkultureller Kompetenz.

Die vom Unternehmen angebotenen Trainings und Seminare sollen nicht nur interkulturelles Wissen vermitteln, sondern auch emotionale Betroffenheit auslösen. Besonderer Wert wird auf methodisch-didaktische Vielfalt gelegt, vor allem auf die Balance zwischen kognitiven und verhaltensorientierten Lehrmethoden.

Den verschiedenen Informationsbedürfnissen künftiger Expatriates entspricht Bosch mit dem Angebot von zwei separaten Vorbereitungsmaßnahmen: Ein Vorbereitungsseminar trägt dem Bedürfnis nach praktisch-organisatorischen Informationen über das Leben in der fremden Kultur Rechnung, ein interkulturelles Vorbereitungstraining vermittelt landesspezifische Kenntnisse und Fähigkeiten, die in erster Linie den Verhaltensbereich betreffen. So geht im aufwändigeren verhaltensorientierten Training keine Zeit für die Klärung organisatorischer Fragen verloren.

Die Personalverantwortlichen von Bosch sind sich jedoch bewusst, dass interkulturelle Schnittstellen nicht nur im Rahmen von Auslandseinsätzen entstehen. Eine gruppenweite Erhebung interkultureller Interaktionssituationen indentifiziert neben Expatriates weitere Zielgruppen für interkulturelle Trainingsmaßnahmen:

- Mitarbeiter multikultureller Projektteams
- Vorgesetzte ausländischer Mitarbeiter und Mitarbeiter ausländischer Vorgesetzter
- Human Resources Manager, die für die Rekrutierung, Selektion, Entwicklung und Beurteilung von Mitarbeitern im internationalen Kontext verantwortlich sind. Sie haben maßgeblichen Einfluss auf die Instrumente, die hierzu entwickelt und eingesetzt werden.
- das Top Management, das Entscheidungen hinsichtlich internationaler Zusammenarbeit, Joint Ventures und Unternehmenszusammenschlüssen fällt. Interkulturelle Kompetenz ist für diese Zielgruppe aus strategischen Gründen von besonderer Bedeutung.
- Führungskräftenachwuchs: Da die heutige Führungsspitze nur noch in Ausnahmefällen für entsprechende Maßnahmen zur Verfügung steht, ist der Führungsnachwuchs frühzeitig auf internationale Aufgaben vorzubereiten.

Im Gegensatz zur Mehrzahl anderer Unternehmen beschränken sich die Maßnahmen zur Entwicklung interkultureller Kompetenz bei Bosch nicht auf deutsche, sondern richten sich auch an ausländische Mitarbeiter. Abgesehen davon, dass nach Deutschland versetzte ausländische Mitarbeiter und deren Familien auf die deutsche Kultur vorbereitet werden, versucht Bosch mit seiner interkulturellen Toolbox, interkulturelles Training innerhalb der Gruppe weltweit voranzutreiben, die hierbei eingesetzten Vorgehensweisen und Methoden zu standardisieren und damit deren Qualitätsniveau sicherzustellen. Durch ihren modularen Aufbau ermöglicht die Toolbox eine Anpassung an die jeweiligen Bedürfnisse der Teilnehmer.

Die Kooperation mit einem Automobilkonzern zeigt, dass interkulturelles Training durchaus auch von zwei oder mehr Unternehmen gemeinsam durchgeführt werden kann, eine entsprechende organisatorische, inhaltliche und methodische Koordination vorausgesetzt. Vor allem bei Trainings, für die ein einzelnes Unternehmen nur wenige Teilnehmer stellen kann und die zum gewünschten Zeitpunkt unternehmensextern nicht angeboten werden, bietet sich dieses effiziente Vorgehen an.

Die Mehrzahl der Trainings verfolgt kognitive, affektive und verhaltensorientierte Ziele. Häufig nehmen sie Bezug auf das Kulturmodell von Hofstede, so dass sämtliche Trainingsteilnehmer über ein vergleichbares kulturallgemeines Basiswissen (kognitives System) verfügen. Mit der Präsentation seiner eigenen Kultur anhand des Hofstede-Modells kann beispielsweise jeder Teilnehmer zeigen, dass er das Modell und seine praktischen Konsequenzen verstanden hat.

Die Trainings sind meist aufgabenspezifisch ausgerichtet und erfolgen nicht ausschließlich vorbereitend, sondern auch begleitend und unterstützend. Höhere Führungskräfte haben bei gravierenden Problemen in der interkulturellen Zusammenarbeit zudem die Möglichkeit, interkulturelles Coaching in Anspruch zu nehmen. Das Training im Vorfeld interkultureller Zusammenarbeit soll jedoch dazu beitragen, dass kostenintensive Beratung dieser Art seltener erforderlich ist.

Mit der Durchführung von Transfer-Seminaren, in denen Erlebnisse in der interkulturellen Zusammenarbeit analysiert und ausgewertet werden, dokumentiert das Unternehmen sein Interesse an den Erfahrungen seiner Mitarbeiter.

Beispielhaft ist die Institution der «Fördertage», die ein zentrales Instrument zur Entwicklung interkultureller Kompetenz darstellt. Sie tragen zur Entfaltung interkultureller Sensibilität innerhalb des Managementnachwuchses bei und schaffen damit eine gute Basis für spätere kulturspezifische Trainingsmaßnahmen. Als Multiplikatoren sollen die Teilnehmer kultursensibles Verhalten an Bosch-Standorten in aller Welt fördern. Die multikulturelle Teilnehmerzusammensetzung und die Dauer von mehreren Tagen erlauben, nicht nur Konflikte, sondern auch Erfolge zu erleben, beispielsweise die Umsetzung interkultureller Synergien in der Teamarbeit. Die gemeinsamen Erfahrungen während dieser Zeit und die Behandlung aktueller Fallstudien vor Ort in einzelnen Geschäftsbereichen tragen zur Entstehung inter- und multikultureller Netzwerke innerhalb der Bosch-Gruppe bei, die bei späteren geschäftlichen Kontakten unter den Teilnehmern hilfreich sind.

Positiv zu bewerten ist auch, dass jedem Mitarbeiter während eines Auslandseinsatzes ein Mentor als persönlicher Ansprechpartner zur Verfügung steht, der eine kontinuierliche Betreuung und Unterstützung bei der Lösung von Problemen ermöglicht. Damit ein Mentor seiner Aufgabe gerecht werden kann, sollte er nicht nur über internationale Erfahrung, sondern auch über Einfühlungsvermögen und profunde Kenntnis der relevanten Kulturen verfügen und Freude daran haben, dem Mitarbeiter etwas von den eigenen Erfahrungen weiterzugeben und ihn zu fördern. Wird einem Expatriate ein Mentor im Stammhaus zugewiesen, beschränken sich die Kontakte zwangsläufig auf Telefonate und gelegentliche Besuche. Im Hinblick auf eine interkulturelle Betreuung ist eine solche räumliche Distanz von Nachteil. Vorteilhaft ist hingegen, dass über den Mentor der Kontakt zum Stammhaus aufrechterhalten und die Reintegration nach der Rückkehr positiv beeinflusst wird.

Look-and-See-Trips, wie sie von Bosch im Vorfeld von Auslandseinsätzen angeboten werden, können zur Vermeidung von Fehlbesetzungen beitragen, sofern sie als Entscheidungshilfe genutzt werden und zeitlich zwischen Kandidatenwahl und Vertragsabschluss fallen. Beide Voraussetzungen sind bei Bosch erfüllt. Ob eine solche Reise erfolgreich verläuft und die Möglichkeiten des interkulturellen Lernens genutzt werden können, hängt jedoch maßgeblich von ihrer Vorbereitung und Organisation ab.

Look-and-See-Trips sind zeitintensiv, dennoch werden sie von vielen Unternehmen angeboten. Das Argument, dass es an Zeit fehle, um interkulturelle Trainings durchzuführen, scheint daher nicht stichhaltig. Für den Mitarbeiter ist eine Kurzreise mit Incentive-Charakter jedoch attraktiver als der Besuch eines Vorbereitungstrainings. Die Durchführung eines Look-and-See-Trips ist auch im Sinne der ausländischen Niederlassung, wenn die dortigen Verantwortlichen den angehenden Mitarbeiter in Augenschein nehmen und gegebenenfalls ihre Bedenken rechtzeitig vor der endgültigen Entscheidung artikulieren können.

Gespräche mit zurückgekehrten Mitarbeitern, wie sie im Rahmen des Vorbereitungsseminars stattfinden, sollen einen realitätsgetreuen Eindruck über die Arbeits- und Lebensverhältnisse in der fremden Kultur vermitteln. Bei der Auswahl der Rückkehrer ist darauf zu achten, dass es sich um Personen mit einer positiven Einstellung zur fremden Kultur und zu deren Angehörigen handelt, die sich erfolgreich integriert haben und somit eine Vorbildfunktion erfüllen. Zurückgekehrte Mitarbeiter, die der fremden Kultur gegenüber negativ eingestellt sind, können die Auslandskandidaten bereits vor den ersten eigenen Kontakten mit Einheimischen negativ beeinflussen. Die Organisation eines Gesprächs mit Rückkehrern im eigenen Unternehmen verursacht nur geringen Aufwand, kann jedoch eine Reihe wichtiger, aktueller Informationen vermitteln. Empfehlenswert ist der Einsatz eines Gesprächsleitfadens.

Kulturallgemeine Simulationen wie «Bafa Bafa» ermöglichen, Frustration und Unsicherheit aufgrund von Missverständnissen und Kommunikationsschwierigkeiten zu erleben, aber auch Freude beim Entdecken und Verstehen kulturbedingter Verhaltensweisen zu empfinden. Eine adäquate Aufarbeitung der Erlebnisse ist, wie beim Rollenspiel, entscheidend für den Erfolg der Methode. Die Zusammenstellung der Gruppen für eine kulturallgemeine Simulation ist umproblematisch, weil keine Differenzierung nach künftigen Einsatzländern vorgenommen werden muss.

Simulationen haben oft nur geringen Bezug zur konkreten Situation in fremden Kulturen. Da ihnen Authentizität fehlt, kann die Methode auf geringe Akzeptanz stoßen, vor allem dann, wenn die notwendige Bereitschaft zur Teilnahme kurz vor einem Auslandseinsatz nicht gegeben ist.

Interkulturelles Training bei Siemens

Stand der Globalisierung

Der deutsche Elektrokonzern Siemens ist in über 190 Ländern vertreten. Von seinen insgesamt 460’000 Mitarbeitern arbeiten mehr als die Hälfte außerhalb Deutschlands. Ständig sind rund 2000 Mitarbeiter im Rahmen von Auslandseinsätzen als Expatriates tätig, hinzu kommen Jahr für Jahr über 200 Entsendungen von Nachwuchskräften, die im Ausland Erfahrung sammeln sollen.

Trainingsangebot und Zielgruppe

Aus der Vielzahl von Maßnahmen zur Entwicklung interkultureller Kompetenz, die bei Siemens zum Einsatz kommen, wird im Folgenden das *Cultural Interaction Training* näher untersucht. Das dreitägige Training richtet sich an amerikanische und deutsche Siemens-Mitarbeiter, die über mindestens drei Monate Erfahrung in der deutsch-amerikanischen Zusammenarbeit verfügen. Vier bis sechs Vertreter jeder Kultur nehmen am Training teil. Die Mindestzahl von vier soll verhindern, dass einzelne Teilnehmer mit ihren individuellen Verhaltensweisen die Gruppe dominieren. Die Begrenzung der Teilnehmer ermöglicht, dass sich alle bei Gruppenarbeiten und Diskussionen angemessen einbringen können.

Trainingsablauf und -inhalt

Zur Vorbereitung auf das Training erhalten die Teilnehmer Literatur zum Thema interkulturelle Synergie, in der unter anderem das folgende Phasen-Modell interkulturellen Lernens beschrieben wird:

a) erkennen, dass kulturelle Unterschiede bestehen
b) akzeptieren, dass andere Verhaltens- und Denkweisen aus Sicht der anderen Kultur durchaus legitim und vernünftig sind
c) Bereitschaft, diese anderen Verhaltens- und Denkweisen in die eigene Handlungsplanung zu integrieren, anstatt sie einfach zu verurteilen
d) aktives Suchen nach synergetischen Kombinationen von Verhaltensweisen in der eigenen und der fremden Kultur
e) Kreativität und Ausdauer bei der Realisierung derartiger Synergien
f) erkennen weiterer Unterschiede zwischen den beteiligten Kulturen.

Im Trainingsverlauf werden weitere Materialien verteilt, beispielsweise:

- eine kontrastierende Darstellung der Art und Weise, wie Deutsche und Amerikaner Informationen austauschen, der eigenen Meinung Ausdruck verleihen oder Entscheidungen fällen. Ausgehend von der Feststellung, dass unterschiedliche Verhaltensweisen einander nicht ausschließen müssen, werden verschiedene Beispiele für deren synergetische Kombination aufgezeigt.
- Literatur zum Thema interkulturelle Kommunikation gibt die Möglichkeit, sich vertiefend mit diesem Thema auseinanderzusetzen.

■ *Trainingsphase 1*

Die erste Übung, die Simulation einer Situation aus dem Arbeitsalltag, wird von den Teilnehmern in zwei monokulturellen Gruppen getrennt voneinander ausgeführt. Jede Gruppe zieht sich für eine halbe Stunde zurück und arbeitet an der Aufgabe, vor laufender Videokamera.

Dann kommen alle Teilnehmer wieder zusammen und die Trainer führen Sequenzen aus den Videoaufzeichnungen vor, in denen die Teilnehmer das Gleiche tun, jedoch auf eine kulturbedingt unterschiedliche Art und Weise. Es ist Aufgabe der Teilnehmer, diese Unterschiede zu erkennen. Die Trainer spielen hierbei die Rolle von *facilitators*: Sie führen die Teilnehmer vom Beobachten der Unterschiede über das Fragen nach deren Ursachen hin zum Verstehen, indem sie Informationen über Werte und Normen geben. Ziel ist, neue, synergetische Formen des Zusammenarbeitens zu identifizieren.

Die Teilnehmer werden aufgefordert, die bisherigen Erkenntnisse unter folgenden Fragestellungen in Einzelarbeit zu reflektieren:

- Welche Verhaltensweisen sind typisch für die andere Kultur?
- Wie sehen diese Verhaltensweisen konkret aus?
- Warum sind diese Verhaltensweisen in der anderen Kultur sinnvoll?
- Welche Elemente dieser Verhaltensweisen könnte ich übernehmen, ohne dass dies für mich oder für Angehörige der anderen Kultur unangenehm wäre?
- Wann und wo kann auf diese Weise angepasstes Verhalten geübt werden?

Die ersten drei Fragen werden anschließend im Plenum diskutiert. An dieser Stelle werden die Teilnehmer darauf aufmerksam gemacht, dass sie die ersten Schritte im Phasen-Modell des interkulturellen Lernens bereits erfolgreich durchlaufen haben.
Es folgt ein Vortrag über interkulturelle Synergie, ein Potenzial, das es, aufbauend auf kulturellen Unterschieden, in der Zusammenarbeit von Angehörigen verschiedener Kulturen zu realisieren gilt.
Am Ende von Phase 1 präsentiert jeder Teilnehmer seine Antworten auf die Fragen vier und fünf und ermöglicht seinem Publikum dabei, kulturbedingte Unterschiede in der Präsentationstechnik zu beobachten.

- *Trainingsphase 2*
  Wiederum ist eine Situation aus dem Arbeitsalltag zu simulieren, nun wird jedoch in bikulturellen Teams gearbeitet. Vor Aufnahme der Zusammenarbeit kommen die monokulturellen Teilnehmergruppen nochmals zusammen und planen ihr Vorgehen im bevorstehenden Meeting mit den Vertretern der anderen Kultur.
  Die interkulturelle Zusammenarbeit von Amerikanern und Deutschen wird auf Video aufgezeichnet. Anschließend werden jene Sequenzen analysiert, in denen typische Kommunikationsprobleme deutlich werden, die auf kulturelle Unterschiede zurückzuführen sind. Die Beteiligten werden gebeten, ihre subjektiven Empfindungen während der gefilmten Interaktionen sowie die Gründe für bestimmte Verhaltensweisen mitzuteilen. Aufgabe der Trainer ist es, diese Aussagen in die «Sprache» der anderen Kultur zu übersetzen, so dass sie auch von deren Angehörigen nachvollzogen werden können. Hier wird deutlich, wie umfangreich die Erfahrungen der Trainer in beiden Kulturen sein müssen. Beobachtete Verhaltensweisen, bei denen in Phase 1 Gelerntes zur Anwendung kommt oder interkulturelle Synergie sichtbar wird, werden von den Trainern positiv hervorgehoben, so dass sich für alle ein Lerneffekt ergibt.
  Analog zur Trainingsphase 1 werden die Teilnehmer wiederum zur individuellen Reflektion aufgefordert. Mit Hilfe der neu gewonnenen Erkenntnisse sollen sie Gründe für in der Vergangenheit erlebte interkulturelle Missverständnisse finden.

Zum Abschluss des Trainings werden gemeinsam die gewonnenen Erkenntnisse rekapituliert und deren Implikationen für künftige interkulturelle Zusammenarbeit formuliert.

Neben diesem bikulturellen Training werden bei Siemens auch multikulturelle Trainings durchgeführt. Sie richten sich beispielsweise an Fach- und Führungskräfte der Unternehmen Siemens, Toshiba und IBM.[36] Unter der Bezeichnung *Training in der Triade* treffen Deutsche, Amerikaner und Japaner zusammen, die über mindestens zweijährige Erfahrung in interkultureller Zusammenarbeit verfügen.

Im Rahmen sämtlicher Trainings kommt der unternehmenseigene Videofilm *Going International* zum Einsatz. Er wurde 1991 gedreht und basiert auf Erfahrungen in der interkulturellen Zusammenarbeit, die von Siemens-Managern aus zwölf Ländern gemacht wurden. Der Film zeigt kulturbedingte Konflikte, die sich im Unternehmen tatsächlich zugetragen haben, und erläutert deren Ursachen.

Kritische Beurteilung

Bei den dargestellten Trainings handelt es sich um mehrtägige, begleitende Gruppentrainings, die mit Teilnehmern aus zwei beziehungsweise mehreren Kulturen unter Leitung eines zweiköpfigen Trainerteams durchgeführt werden.

Sowohl das *Cultural Interaction Training* als auch das Training in der Triade basieren auf der Idee des *Intercultural Communication Workshop* (ICW), der 1966 erstmals an der Universität von Pittsburgh eingesetzt wurde. Über einen Zeitraum von mehreren Tagen interagieren Teilnehmer aus verschiedenen Kulturen im Rahmen verschiedener Aufgabenstellungen miteinander. Ziel ist, interkulturelles Konfliktpotenzial zu erkennen und Konflikte zu erleben, um gemeinsam Lösungsvorschläge für eine konstruktive Zusammenarbeit zu entwickeln. Kommunikationsübungen und Simulationen machen die ablaufenden Kommunikationsprozesse bewusst und ermöglichen eine effizientere Gestaltung der Interaktionen. Ob die in den Trainings erworbene Kompetenz für künftige interkulturelle Interaktionen von Bedeutung ist, hängt maßgeblich von zwei Faktoren ab: Zum einen davon, ob die von den Teilnehmern gezeigten Denk- und Verhaltensweisen für deren jeweilige Heimatkultur repräsentativ sind; zum anderen, inwieweit die gestellten Aufgaben der künftigen Tätigkeit der Teilnehmer entsprechen.

Die Aufgabe des Trainer-Teams besteht darin, die Interaktionen zu steuern und die Teilnehmer bei der anschließenden Analyse und dem Ziehen von Schlussfolgerungen zu unterstützen. Die zur Vorbereitung sowie im Trainingsverlauf an die Teilnehmer verteilten schriftlichen Informationen sollen den Aufbau eines theoretischen Bezugsrahmens für Prozesse interkultureller Kommunikation ermöglichen.

Interkulturelle Kommunikations-Workshops ermöglichen

- das Aufeinandertreffen unterschiedlicher Werte und Verhaltensweisen
- ein Bewusstmachen der Kulturbedingtheit des eigenen Denkens und Handelns
- das Erkennen von Kulturstandards, die das Verhalten der anderen Trainingsteilnehmer prägen
- eine gemeinsame Auseinandersetzung mit kulturbedingten Missverständnissen und Konflikten
- die Identifikation kultureller Synergiepotenziale und geeigneter Formen der Zusammenarbeit, die unmittelbar erprobt werden können.

Die verschiedenen Phasen interkulturellen Lernens, die der Trainingskonzeption zugrundeliegen, werden von den Teilnehmern nicht nur kognitiv verarbeitet, sondern am eigenen Leibe erlebt. Damit sind interkulturelle Kommunikations-Trainings geeignet, auch auf der affektiven und der Verhaltensebene interkulturelles Lernen zu ermöglichen. Die Gruppenprozesse der Trainings erfordern viel Zeit und setzen Engagement und Offenheit der Teilnehmer voraus. Dass diese tatsächlich die kulturellen Normen ihrer Heimatkultur repräsentieren, kann nicht garantiert werden.

Da interkulturelle Workshops neben Offenheit auch aktive und passive Kritikfähigkeit erfordern, werden Teilnehmer aus fernöstlichen Kulturen durch die Methode stärker belastet als Teilnehmer aus individualistischen Kulturen. Wie bei anderen erfahrungsorientierten Trainingsmethoden ist auch bei der Durchführung interkultureller Trainings die kulturelle Herkunft der Teilnehmer zu berücksichtigen.

Interkulturelles Training bei Fujitsu

Stand der Globalisierung

Die in der Computer-, Telekommunikations- und Halbleiterindustrie tätige japanische Fujitsu-Gruppe beschäftigt rund 190'000 Mitarbeiter. Die Strategie zur Internationalisierung des Unternehmens zielt auf den Aufbau und die Pflege weltweiter strategischer Allianzen ab, wobei lokale Kulturen, Methoden und Stärken respektiert werden. Fujitsu ist bestrebt, von den Stärken seiner Partner zu lernen und diese Stärken in sich zu vereinen. Sämtliche Führungskräfte erhalten das Buch *Japanese Identity*,[37] mit dem ein Bewusstsein für die Besonderheiten der japanischen Kultur und deren Stärken geschaffen werden soll.

Trainingsangebot und Zielgruppe

Zur Vorbereitung auf Auslandseinsätze führt Fujitsu einmal monatlich unternehmensintern das dreitägige *World Seminar* durch, das sich mit Fragen interkultureller Zusammenarbeit beschäftigt und in dessen Verlauf neben Vorträgen auch Fallstudien, Rollenspiele und ein Videofilm zum Einsatz kommen. Abgesehen von schriftlichen Informationen über Länderspezifika, die, je nach geplantem Einsatzland, an die Teilnehmer verteilt werden, erfolgt in diesem Seminar keine Fokussierung auf ein bestimmtes Land oder eine konkrete Region.

Zentrales Instrument der internationalen Personalentwicklung bei Fujitsu ist die Teilnahme von Mitarbeitern an MBA-Programmen (Master of Business Administration). Japanische Mitarbeiter, die für internationale Aufgaben vorgesehen sind, werden an amerikanische *Business Schools* geschickt, um dort an Postgraduierten-Studiengängen teilzunehmen und dabei die Besonderheiten der US-amerikanischen Kultur kennenzulernen.

Darüber hinaus bietet Fujitsu Mitarbeitern aller Nationalitäten Programme des *Japan-America Institute of Management Science* (JAIMS) an, einer privaten gemeinnützigen Organisation in Honolulu, Hawaii, deren Ziel es ist, Führungskräfte auf die interkulturelle Zusammenarbeit im asiatisch-pazifischen Raum vorzubereiten und deren Effizienz im interkulturellen Geschäftsumfeld zu verbessern. Seit der Gründung des Instituts durch Fujitsu im Jahre 1972 haben bereits rund 20'000 Teilnehmer aus über fünfzig Ländern eines der JAIMS-Programme absolviert.

- *Intercultural Management Program*
  Dieses Programm richtet sich an international tätige, japanische Mitarbeiter mit mindestens drei Jahren Berufserfahrung. Das viermonatige Programm wird zweimal jährlich durchgeführt. Schwerpunkte sind amerikanische Managementkonzepte und deren Anwendung im globalen Kontext sowie englischer Sprachunterricht. Dabei werden Sprachunterricht und interkulturelles Training klar voneinander getrennt. Als Option kann der Mitarbeiter für weitere zwei Monate ein Praktikum in einer amerikanischen Unternehmung absolvieren (*business exchange program*), sich im Rahmen des International Management Program zwei Monate lang in Frankreich mit Fragen des globalen Managements auseinandersetzen oder zusätzliches Wissen über die Dynamik der chinesischen Wirtschaft erwerben (*Chinese business program*).

- *Japan-Focused Executive Master of Business Administration*
  Amerikanischen und europäischen Führungskräften, die auf die Zusammenarbeit mit Japanern vorzubereiten sind, wird seit 1990 die Teilnahme am *Japan-Focused Executive Master of Business Administration* angeboten. Dieses Programm wurde gemeinsam von JAIMS und dem *Manoa College of Business Administration* an der Universität von Hawaii entwickelt. Es handelt sich um ein Vollzeit-MBA-Programm, das auf die besonderen Anforderungen der Geschäftstätigkeit mit Japanern ausgerichtet ist. Das fünfzehnmonatige Curriculum besteht aus einem traditionellen MBA-Programm, intensivem Training in japanischer Sprache und Kultur sowie einem dreimonatigen Praktikum in einem Unternehmen in Japan. Absolventen des Programms erhalten den MBA-Titel der Universität von Hawaii sowie das *Japan-Focused Management Certificate by JAIMS.*

- *China-Focused Executive Master of Business Administration*
  Das *China-Focused Executive MBA*-Programm, das seit 1998 angeboten wird, entspricht im Aufbau weitgehend dem zuvor erwähnten Japan-Focused MBA-Programm, befasst sich jedoch mit der chinesischen Wirtschaft und Kultur und schließt ein dreimonatiges Praktikum in einem chinesischen Unternehmen ein.

Einen längeren Aufenthalt in einer fremden Kultur ermöglicht ein Austauschprogramm, das Fujitsu mit dem britischen Unternehmen ICL betreibt.[38] Jahr für Jahr werden Fujitsu-Mitarbeiter für einen Zweijahres-Aufenthalt zu ICL geschickt, um sich mit der britischen Kultur und dem europäischen Wirtschaftsumfeld vertraut zu machen.

Kritische Beurteilung

Eine zentrale Rolle innerhalb der internationalen Personalentwicklung spielt die Teilnahme japanischer Fujitsu-Mitarbeiter an MBA-Programmen in den USA. Aufgrund ihrer internationalen Ausrichtung, ihrer hohen Qualität in Lehre und Forschung, ihrer Studienintensität sowie ihrer Praxisnähe besitzen amerikanische Business Schools eine besondere Attraktivität. Doch während internationales Management bereits seit längerem Bestandteil von Postgraduierten-Studiengängen ist, sind interkulturelle Trainings in den Lehrplänen dieser Institute bislang kaum zu finden. So kommt die Auseinandersetzung mit anderen Kulturen oftmals zu kurz. Durch Studenten verschiedenster Nationalitäten wird zwar ein multikulturelles Lernumfeld geschaffen, und in Fallstudien werden internationale Fragestellungen erörtert, eine bewusste Gestaltung interkultureller Lernprozesse erfolgt an den Business Schools jedoch meist nicht. Da keine Auswertung ihrer individuellen Erfahrungen im fremdkulturellen Umfeld erfolgt, besteht die Gefahr, daß japanische Teilnehmer nur bestehende Stereotype bestätigt finden. Der Aufenthalt in einer fremden Kultur allein führt schließlich nicht automatisch zu interkultureller Kompetenz. Sofern die Business Schools ihr Studienangebot nicht gezielt um interkulturelle Trainingsprogramme erweitern, wie dies beispielsweise bei der *Graduate School of International Management* (*Thunderbird Management Center*) in Glendale/Phoenix, Arizona, der Fall ist, scheint die Teilnahme an MBA-Programmen als Maßnahme zur Entwicklung interkultureller Kompetenz daher ungeeignet.

Der ungenügende Fokus amerikanischer Business Schools auf interkulturelles Lernen war offenbar mit ein Grund für die Gründung des *Japan-America Institute of Management Science* (JAIMS) durch Fujitsu. Durch die enge Kooperation mit der Universität Hawaii ist sichergestellt, dass ständig aktuelles Know-how in die Weiterbildungsprogramme einfließt. Im Gegensatz zu klassischen MBA-Programmen amerikanischer Business Schools tragen Programme wie das *Intercultural Management Program*, der *Japan-Focused Executive MBA* und der *China-Focused Executive MBA* den besonderen Anforderungen interkultureller Zusammenarbeit Rechnung und ermöglichen durch einen Lehrmethoden-Mix interkulturelles Lernen nicht nur auf der kognitiven, sondern auch auf der affektiven und der Verhaltensebene.

Für Austauschprogramme und Auslandspraktika gilt das Gleiche wie für die Teilnahme an klassischen MBA-Programmen: Sie ermöglichen den Teilnehmern zwar, kulturelle Unterschiede hautnah im Arbeitsalltag zu erleben, die beabsichtigten interkulturellen Lernprozesse finden jedoch nur dann statt, wenn eine gründliche Vorbereitung des Aufenthalts und eine qualifizierte Auswertung der Erfahrungen erfolgen.

Positiv zu beurteilen ist, dass Fujitsu nicht nur seine japanischen Mitarbeiter auf die Zusammenarbeit mit westlichen Kollegen und Partnern vorbereitet, sondern auch Programme für amerikanische und europäische Führungskräfte anbietet, die mit Japanern zusammenarbeiten werden. Im Idealfall treffen so in multikulturellen Teams interkulturell kompetente Japaner auf interkulturell kompetente Mitarbeiter aus westlichen Kulturen. Dass die Stärken der japanischen Kultur gewürdigt werden und in der interkulturellen Zusammenarbeit angemessen zum Tragen kommen sollen, äußert sich darin, dass alle, sowohl japanische als auch nichtjapanische Führungskräfte, das Buch *Japanese Identity* erhalten.

Interkulturelles Training bei Samsung

> «Mutual understanding, respect, sensitivity to differences and communication are all aspects of the new work environment which must be considered in this age of globalization. It is much easier to achieve co-operation with others when you are open to the culture and ideas of others.»[39]

Stand der Globalisierung

Der südkoreanische Elektrokonzern Samsung ist in mehr als sechzig Ländern mit Auslandsniederlassungen vertreten und beschäftigte Ende 2000 rund 175'000 Mitarbeiter, davon rund 20 Prozent außerhalb Koreas. Die Zahl koreanischer Expatriates beläuft sich auf mehr als 1000, Tendenz zunehmend. Das Unternehmen betrachtet die Globalisierung als einen überlebenswichtigen Erfolgsfaktor, wobei neben der Globalisierung der Geschäftstätigkeit auch die der Personalpolitik eine zentrale Rolle spielt.

Samsung Global Management Institute

Das *Samsung Global Management Institute*, Teil des *Samsung Human Resources Development Center*, wurde 1994 eröffnet und liegt in den Bergen von Yongin-gun nördlich von Seoul. Die abgeschiedene Lage wurde gewählt, um die für die Reflexion kulturell bedingter Unterschiede notwendige Distanz zu ermöglichen. Die Aufgaben des Instituts lassen sich in drei eng miteinander vernetzte Bereiche gliedern: Training, Forschung und Information.

Aufgabe des Trainingsbereichs ist die Entwicklung eines interkulturell kompetenten Mitarbeiterstamms durch Training auf allen Hierarchie-Ebenen. Das Kursangebot reicht von «*fundamentals for becoming an internationalized person*» bis zu «*courses on specialized job skills and on individual countries or regions*». Die Zusammenarbeit mit Beratern und spezialisierten Trainingsinstitutionen aus verschiedenen Ländern soll die Aktualität und laufende Weiterentwicklung des Trainingsangebots sicherstellen. Zudem bestehen enge Kontakte zu in- und ausländischen Universitäten. Aufgrund der begrenzten Kapazitäten des Instituts ist geplant, Trainingseinheiten zu entwickeln, die via Internet weltweit für alle Niederlassungen zugänglich sind. Auch Samsung-Mitarbeiter im Ausland werden verstärkt in interkulturelle Trainingsmaßnahmen einbezogen, um das gegenseitige Verständnis zu verbessern.

Im Bereich Forschung unterhält das Institut Lernzentren für Japan, China, Russland, Südostasien, Nordamerika, Mittel- und Südamerika, Westeuropa, Osteuropa, den Mittleren Osten und Afrika. Ein Teil der Räume ist jeweils im Stil einer spezifischen Kultur eingerichtet. Hier betreiben koreanische und nichtkoreanische Spezialisten für einzelne Regionen länder- und regionenspezifische Studien, indem sie sich systematisch mit den kulturellen Charakteristika und der aktuellen Wirtschaftsentwicklung ihrer Zielgebiete auseinandersetzen. Von Auslandseinsätzen zurückkehrende Mitarbeiter ergänzen diese Teams temporär. Zudem findet ein intensiver Informationsaustausch mit anderen Forschungsinstituten des In- und Auslands statt. Aus praktischer Auslandserfahrung sowie aus Forschungs-Aktivitäten gewonnene Erkenntnisse fließen in länderspezifische Datenbanken des *Global Information Resource Centers* ein und finden nicht nur in interkulturellen Trainings, sondern auch im Auslandsgeschäft des Unternehmens unmittelbare Berücksichtigung.

Trainingsangebot und Zielgruppe

Das Angebot des Instituts umfasst verschiedene Maßnahmen zur Entwicklung interkultureller Kompetenz in der Personalentwicklung, die im Vorfeld, im Verlauf oder nach Abschluss eines Auslandseinsatzes durchgeführt werden (vgl. Tabelle 6).

Trainingsabläufe und -inhalte

Vorbereitende Maßnahmen:

- *Regional Specialist Program*
  Im Rahmen des Regional Specialist Program werden jährlich dreißig Mitarbeiter in verschiedene Länder entsandt, um sich dort während eines Jahres mit der lokalen Kultur, der Wirtschaft und der Landessprache vertraut zu machen. Während des Auslandsjahres erbringen die Mitarbeiter keine produktive Leistung für ihr Unternehmen. Das Unternehmen erwartet von ihnen, dass sie an Sprachkursen teilnehmen, die Region gründlich kennenlernen und Kontakte mit Einheimischen aufbauen.

Tabelle 6 Trainingsangebot des Samsung Global Management Institute

Bezeichnung	*Zielgruppe*
vorbereitende Maßnahmen	
■ regional specialist program ■ regional study program ■ expatriate training ■ cross-cultural communication and negotiation ■ Korean history and culture ■ meetings with repatriates	■ künftige Expatriates
begleitende Maßnahmen	
■ refreshment course ■ bi-cultural training ■ overseas staff orientation program	■ Expatriates, die bereits zwei bis drei Jahre im Ausland tätig sind ■ Teams mit Erfahrungen in interkultureller Zusammenarbeit ■ nicht-Koreanische Mitarbeiter
Maßnahmen nach der Rückkehr des Mitarbeiters	
■ repatriate program ■ adapting to Korean society	■ Repatriates

Während des einjährigen Auslandsaufenthalts ist monatlich ein Bericht über Aktivitäten und Erkenntnisse sowie über persönliche Erfolge und Misserfolge im fremdkulturellen Umfeld zu verfassen, gegen Ende des *Regional Specialist Program* ein ausführlicher Abschlussbericht, «*Merit of the Year*».

- *Regional Study Program*
  Um das bei Geschäftstätigkeiten im Ausland häufig angewandte Trial-and-Error-Verfahren auf ein unvermeidbares Minimum zu reduzieren, wurden die kulturspezifischen *Regional Study Programs* eingeführt. Zielgruppe dieser Trainings sind koreanische Mitarbeiter aus allen Unternehmensbereichen, die für Auslandstätigkeiten vorgesehen sind.

Tabelle 7 Programm des Regional Study Program «Japan» von Samsung

	Vormittag	*Nachmittag*
Montag	■ Begrüßung ■ Vorstellungsrunde ■ Einführung und Vorstellung der Trainingsmethode, Kurzdemonstration	■ CD 1: Charakteristika des japanischen Geschäftslebens (Unterschiede zu Korea) ■ CD 2: Der Aufbau von Kundenbeziehungen (Teil 1) ■ CD 3: Der Aufbau von Kundenbeziehungen (Teil 2)
Dienstag	■ Vortrag: Geographie Japans ■ Diskussion: Meine Erfahrungen in Japan / mit Japanern	■ Vortrag: Das Selbstbild der Japaner ■ CD 4: Aufbau von Beziehungen (kritischer Erfolgsfaktor) ■ CD 5: Business-Meetings (Visitenkarten, Verbeugen, Sitzordnung etc.) ■ Prüfung (Fragebogen über den Inhalt der ersten beiden Tage)
Mittwoch	■ CD 6: Japanische Kultur (Tee-Zeremonie, Drama, Tanz) ■ CD 7: Die japanische Denkweise (Video)	■ Vortrag: Japan, Japaner und japanische Kultur (externer Referent) ■ Gruppenarbeit: Organisation eines Geschäftsempfangs ■ Golfunterricht (Bedeutung von Golf bei der Anbahnung/Aufrechterhaltung von Geschäftsbeziehungen)
Donnerstag	■ CD 8: Essen und Geschenke ■ CD 9: Kredit- und Risiko-Management ■ Gespräch mit Repatriates	■ CD 10: Geschäftssitten und -gewohnheiten ■ CD 11: Behandlung von Kundenreklamationen ■ Prüfung (Fragebogen über den Inhalt der Tage 3 und 4)
Freitag	■ Vortrag: Das japanische Marktsystem ■ CD 12: Wiederholung der Trainingseinheiten 1–11	■ Prüfung (über die ganze Trainingswoche) ■ abschließende Beurteilung der Trainingswoche (persönliches Befinden; Beurteilung des computergestützten Trainings) ■ Zusammenfassung

Das Angebot umfasst Vorbereitungsprogramme für Japan, China, die USA, Südostasien, Westeuropa, Russland, den Mittleren Osten, Südamerika, Afrika und Osteuropa.
Ein *Regional Study Program* dauert fünf Tage. Das methodische Schwergewicht liegt bei Vorträgen und interaktivem Lernen am Computer, bei dem CD-ROMs zum Einsatz kommen, die neben umfangreichen Informationen in Textform auch zahlreiche visuelle Elemente wie Fotos und Videos enthalten. Kulturell bedeutende Rituale werden in Zeichentrickfilmen dargestellt. Rund zwei Drittel des Trainings erfolgen in Form von *Computer Based Trainings* (CBT). Die Lernkontrolle erfolgt durch in die Trainingseinheiten integrierte Fragen sowie durch drei schriftliche Prüfungen. Tabelle 7 zeigt exemplarisch das *Regional Study Program* zur Vorbereitung auf Japan.

- *Expatriate Training*
  Das *Expatriate Training* dauert zwei Wochen und wird als kulturallgemein bezeichnet, obwohl es sich vorwiegend mit westlichen Kulturen beschäftigt. Einzelne Komponenten können bei Bedarf landesspezifisch ausgestaltet werden. Als Lehrmethode dominiert der Vortrag, doch werden auch Rollenspiele durchgeführt, bei denen amerikanische oder europäische Mitarbeiter des *Global Management Institute* den westlichen Counterpart spielen. Text 1 (Seite 110) zeigt exemplarisch ein Rollenspielszenario, das häufig zum Einsatz kommt. Ziel des Rollenspiels ist zu erkennen, dass der koreanische Arbeitsstil in anderen Kulturen häufig auf wenig Akzeptanz stößt und unterschiedlichen Einstellungen zur Arbeit Rechnung zu tragen ist.
  Die Behandlung von Themen wie «Verhalten am Flughafen, im Flugzeug und im Hotel» oder «Kleidung und Tischmanieren» wird damit begründet, dass viele Trainingsteilnehmer Südkorea noch nie verlassen haben und ihnen daher die Weltgewandtheit fehlt, die westlichen Kollegen und Geschäftspartnern unterstellt wird. Vom zukünftigen Expatriate wird erwartet, dass er sich im Rahmen eines Selbststudiums auch über das Training hinaus intensiv mit fremden Kulturen auseinandersetzt.

Text 1 Rollenspielszenario aus dem Expatriate Training von Samsung

«Management – Labour Dispute»

You are Dong-chul Lee. Your company opened a branch company dealing strictly with the sales of its own products in Los Angeles 18 months ago. You have been the general manager of the company since then. Because it is a new company, the seven employees must work long hours to get the company really established, since competition is great. Even though Mr. John Smith is not now in an important position in the branch company, you, as the general manager of the company, have to admit that he is more than capable and he is the actual leader of the employees.

The seven employees, led by John, are eager to do a good job. They are well paid and their salary level is a little bit higher than the social average. They have been working ten or eleven hours a day for the past several weeks. They know that the headquarters in Seoul is highly profitable, efficient and reputed to have a good future. The employees see that their work is paying off, the company is becoming well established, they have a good clientele, and the reputation of the company is already beginning to be spread throughout California. Your target budget for this fiscal year is 10 million dollars, while your branch turnover is showing 5.5 million dollars for the first half of the year. As a result, about 50'000 dollars extra net profit is expected more than the original budget for these six months. Since you have sent a report to Seoul periodically, the headquarters must be satisfied with their good work.

You also sometimes encourage John by saying that he is very capable and you are expecting a lot from him. The employees have started to complain about the present working conditions. Because they respect John, they ask for what they consider to be justifiable for raises in pay and for increase of employees through him. Meanwhile, John also asks for a promotion for himself. However, the company is operating on a limited budget. There is no provision for the rewards the employees are demanding. Of course, you have been thinking about considerable raises in pay and promotion for them sometime in the future, in particular you think John deserves the manager's position. However, it is not a time for the company to give them raises in pay and promotion because even this fiscal year has not ended yet, it now being just the middle of the financial year.

It is essential that the company continues to move ahead as it has during the past 18 months. Your forecasting of the next financial year shows turnover up 30 % on this year. Therefore, the company needs to have complete co-operation from them.

Now you have a complex situation. You have to satisfy the headquarters in Seoul. You also have to satisfy the employees because you depend on them especially on John who has guided the development of the branch company from its outset. You have responsibility to solve the situation quickly and effectively. What do you do?

John is approaching your desk for negotiation on these matters.

- *Cross-cultural communication and negotiation*
  Dieses Training beschäftigt sich in erster Linie mit (Kommunikations-) Prozessen, die bei internationalen Verhandlungen ablaufen. Mittels Vortrag, Fallstudie, Simulation und Rollenspiel werden Unterschiede zwischen fernöstlichen und westlichen Kommunikations- und Verhandlungsstilen aufgezeigt. Weitere Trainingsthemen sind Verhandlungsstrategie und -taktik und das Erreichen von *win/win*-Situationen.
- *Korean history and culture*
  Dieses Training richtet sich an international tätige Samsung-Mitarbeiter, die sich als Botschafter ihres Unternehmens und ihres Landes verstehen sollen. Um dieser Rolle gerecht werden zu können, werden profunde Kenntnisse koreanischer Geschichte und Kultur vermittelt.
- *Meetings with repatriates*
  Das gezielte Zusammenführen zukünftiger Expatriates mit Rückkehrern ermöglicht, aus erster Hand einen realitätsgetreuen Bericht über die Arbeits- und Lebensverhältnisse in der fremden Kultur zu erhalten. Die Gesprächspartner werden sorgfältig ausgewählt, da es sich bei den Repatriates um Mitarbeiter handeln soll, die eine positive Einstellung zur fremden Kultur und deren Angehörigen besitzen.

Begleitende Maßnahmen:

- *Refreshment course*
  Der einwöchige *Refreshment Course* wird für Expatriates durchgeführt, die bereits zwei bis drei Jahre im Ausland tätig sind. Kursziele sind die Information des Mitarbeiters über Veränderungen in seinem Heimatland, das Verhindern einer völligen Assimilation in der fremden Kultur

und die Abschwächung des Kulturschocks bei der Rückkehr in das Heimatland nach beendetem Auslandseinsatz.

- *Bi-cultural training*
  Das bikulturelle Training richtet sich an Mitarbeiter, die über erste Erfahrungen in interkultureller Zusammenarbeit verfügen. Ziel ist das gemeinsame Erarbeiten effizienterer Arbeitsabläufe in multikulturellen Teams. Das Training wurde bislang ausschließlich mit Koreanern und Deutschen durchgeführt und gliedert sich in drei Phasen.
  In Phase 1 geben Koreaner und Deutsche getrennt voneinander eine kritische Beurteilung der interkulturellen Zusammenarbeit ab und berichten von erlebten Konflikten. In Phase 2 erhält jede Gruppe die von der Gegenseite geäußerten Kritikpunkte und Änderungswünsche und damit verbunden die Aufgabe, Verbesserungsansätze für die tägliche Zusammenarbeit zu entwickeln. Am Ende der zweiten Phase liegen zwei Verbesserungskonzepte vor, ein koreanisches und ein deutsches. Erst in Phase 3 kommen Koreaner und Deutsche zusammen. Ziel ist die Annäherung unterschiedlicher Arbeits- und Verhaltensweisen, basierend auf den vorliegenden Verbesserungskonzepten; in kulturell gemischten Kleingruppen werden Ideen entwickelt und anschließend präsentiert.

- *Overseas staff orientation program*
  Dieses Programm wendet sich an nichtkoreanische Mitarbeiter, die in Auslandsniederlassungen tätig sind, und vermittelt grundlegende Kenntnisse über die Kultur Koreas und das Unternehmen Samsung. Es wird sowohl im Global Management Institute als auch in Auslandsniederlassungen durchgeführt.

Maßnahmen nach der Rückkehr des Mitarbeiters:

- *Repatriate program*
  Zweck dieses Programms ist, die Auslandserfahrungen zurückgekehrter Expatriates für das Unternehmen nutzbar zu machen. Kulturspezifische Informationen werden aus erster Hand gesammelt und Fehler und Fehlschläge aufgezeichnet. Die Teilnehmer verbringen deshalb nach

ihrer Rückkehr neun Wochen im Forschungs-Center. Ausführliche Gespräche mit Professoren koreanischer Universitäten sollen eine qualifizierte Auswertung der Erfahrungen sicherstellen. Probleme und Konflikte, die während des Auslandsaufenthalts aufgetreten sind, werden analysiert und fließen in künftige Forschungs- und Trainingsaktivitäten des Instituts ein. Jeder Repatriate fasst die Erkenntnisse seines Auslandsaufenthalts zudem in einem Bericht zusammen, der weltweit an die Samsung-Niederlassungen verteilt und in der Datenbank des *Global Information Resource Centers* erfasst wird.

- *Adapting to Korean society*
  Jeden Samstag findet ein Kurs *Adapting to Korean society* statt, der sich an Repatriates und an nichtkoreanische Samsung-Mitarbeiter wendet. Er befasst sich mit wichtigen Fragen des koreanischen Alltags und informiert über Personalpolitik, Finanzsituation und Investitionspläne der Samsung-Gruppe. Ein Journalist berichtet zudem über aktuelle Trends und Entwicklungen in Südkorea.

Kulturspezifische Informationen aus dem Internet

1998 begann Samsung damit, seinen Mitarbeitern und der interessierten Öffentlichkeit Trainingslektionen über Südkorea und dessen Kultur via Internet zugänglich zu machen. Unter dem Titel *Working Across Cultures* können Informationen abgerufen werden zum koreanischen Teamgeist (*shinparam*), zum Harmoniebedürfnis der Koreaner (*kibun*), zum Einfluss des Konfuzianismus auf Gesellschaft und Arbeitswelt, zum Thema Gesicht und Gesichtsverlust (*The face factor*, vgl. Text 2 auf Seite 114) sowie über die Bedeutung persönlicher Beziehungen im koreanischen Geschäftsleben.

Abschließende Fragen wie «*Why do Koreans not express personal bad news in the office?*» oder «*Why do Koreans force everyone to sing at parties?*» ermöglichen eine Selbstkontrolle, ob die relevanten Inhalte verstanden wurden.

Text 2 Internet-Informationen zum Thema Gesicht und Gesichtsverlust

«The Face Factor»

The concept of face is closely related to kibun. Having face means having a high status in the eyes of one's peers, and it is a mark of personal dignity. Koreans are acutely sensitive to having and maintaining face in all aspects of social and business life. Face can be likened to a prized commodity: it can be given, lost, taken away, or earned.

The easiest way to cause someone to lose face is to insult the individual or to criticize him or her harshly in front of others. Westerners can offend Koreans unintentionally by making fun of them in the good-natured way that is common among friends in the west. Another way to cause someone to lose face is to treat him or her as an underling when his or her official status in an organization is high. In Korea, people must always be treated with the proper respect. Failure to do so makes them and the transgressor lose face for all others aware of the situation.

Just as face can be lost, it can also be given – by praising someone for good work in front of person superiors or by thanking someone for doing a good job. Giving someone face earns respect and loyalty, and should be done whenever the situation warrants. However, it is not a good idea to praise others too much, as it can make you appear to be insincere.

You can also save someone's face by helping him to avoid an embarrassing situation. For example, in playing a game you can allow your opponent to win even though you are clearly the better player. The person whose face you save will not forget the favor, and he will be in your debt.

A person can lose face on their own by not living up to other's expectations, by failing to keep a promise, or by behaving disreputably. Remember in business interactions that a person's face is not only his own but that of an entire organization that he represents. Your relationship with the individual and the respect accorded him is probably the key to your business success with Koreans.

Kritische Beurteilung

Eine kritische Beurteilung der Trainingspraxis bei Samsung erfordert die Berücksichtigung des kulturellen Umfelds, in dem die Mehrzahl der Trainingsmaßnahmen stattfindet. Da es sich bei Südkorea, im Vergleich zur Schweiz oder zu Deutschland, um ein Land mit hoher Machtdistanz, kollektivistischer Orientierung und ausgeprägter Unsicherheitsvermeidung handelt, werden im Folgenden zunächst kurz die Auswirkungen dieser Kulturdimensionen auf die Gestaltung von Unterrichts- und Trainingsmaßnahmen aufgezeigt.

In individualistischen Kulturen mit niedriger Machtdistanz und geringer Unsicherheitsvermeidung wird im Training eine aktive Beteiligung jedes Teilnehmers erwartet. Die Rolle des Trainers ist eher die eines *facilitators* als die eines Lehrers. Vor allem bei der Verfolgung von Verhaltenszielen sind Rollenspiele üblich, nach deren Durchführung die Teilnehmer zur Selbst-Reflexion und zur Mitteilung ihrer Empfindungen an den Trainer und die anderen Teilnehmer aufgefordert sind. Das Austragen von Meinungsverschiedenheiten und Konflikten ist nicht nur üblich, sondern erwünscht.

In kollektivistischen Kulturen mit hoher Machtdistanz und starker Unsicherheitsvermeidung sind passive Lernformen üblich, eine kognitive Wissensvermittlung dominiert. Lernen erfolgt vorwiegend rezeptiv: Der Lehrer, eine Respektsperson, erklärt, die Teilnehmer fassen zusammen. Nur ein schlechter Lehrer erwartet, dass seine Schüler Wissen selbst entdecken oder selbst erarbeiten. Daher werden reproduktive Fähigkeiten gefördert. Stark reduzierte und fokussierte Darstellungen werden als unvollständig wahrgenommen. Die Gruppe hat auch im Training Vorrang vor dem Individuum. Es ist nicht üblich, seiner eigenen Meinung Ausdruck zu verleihen, dies könnte die Harmonie in der Trainingsgruppe gefährden, und schon gar nicht, vor anderen Teilnehmern seine persönlichen Empfindungen und Gefühle mitzuteilen. Konflikte werden soweit wie möglich vermieden.

Am Beispiel Samsung werden einige grundlegende Unterschiede zu den Trainingsmethoden europäischer Unternehmen deutlich:

Wesentliche Unterschiede zu den westlichen Trainingspraktiken sind:

- Sobald aktive Beteiligung der Teilnehmer am Training erforderlich ist, handeln in Asien nach Möglichkeit Gruppen und nicht Einzelpersonen, dies gilt auch für Rollenspiele. Bei Trainings, die auf Englisch durchgeführt werden, ist zu berücksichtigen, dass Englisch nicht die Muttersprache der Teilnehmer ist und dies das Gefühl der Unsicherheit vor allem bei aktiven Lernmethoden zusätzlich verstärkt.
- Der indirekte Kommunikationsstil findet Berücksichtigung, indem beispielsweise für das Abschlussgespräch von Rollenspielen deutlich mehr Zeit eingeplant wird.
- Das Mitteilen von Empfindungen durch den Teilnehmer, beispielsweise während eines Rollenspiels, wird vom Trainer unterstützt, indem dieser konkrete Fragen stellt und häufig bereits Antwortalternativen vorgibt. Auf Videoaufzeichnungen von Rollenspielen wird verzichtet.
- Mit Rücksicht auf die Tendenz der Koreaner, Unsicherheiten zu vermeiden, werden auch bei verhaltensorientierten, aktiven Trainingsmethoden kaum echte Konflikte zugelassen. Meist werden eher harmlose kulturbedingte Auseinandersetzungen thematisiert. Im Rahmen des bi-kulturellen Trainings wird offene Konfrontation weitgehend vermieden, indem deutsche und koreanische Teilnehmer zunächst getrennt voneinander Probleme in der interkulturellen Zusammenarbeit herausarbeiten, im Gegensatz zum Konzept des *Intercultural Communication Workshop*, in dessen Verlauf interkulturelle Konflikte von allen Beteiligten erlebt und gemeinsam analysiert werden.
- Der Tatsache, dass die Teilnehmer an passives Lernen gewöhnt sind, wird im Trainingsaufbau Rechnung getragen. Das Schwergewicht liegt auf kognitiver Wissensvermittlung mit anschließenden Prüfungen; die Teilnehmer haben ausreichend Zeit, einander kennenzulernen und ein Vertrauensklima zu schaffen. Zudem erhalten sie ausführliche Informationen über den Einsatz und den Nutzen aktiver Trainingsmethoden und können so besser einschätzen, was sie im Training erwartet.
- Die Trainer arbeiten mit Redundanz: Wichtige Aussagen und Erkenntnisse werden mehrmals wiederholt.

- Da es für die Teilnehmer unüblich ist, das Training durch Zwischenfragen zu unterbrechen, werden andere Möglichkeiten des Feedbacks gegeben. So können beispielsweise vor den Pausen oder am Ende des Trainingstages Kommentare und Fragen aufgeschrieben werden.
- Direktes Feedback am Ende des Trainings als Evaluationsmethode hat keinen Aussagewert, da der Respekt vor dem Trainer kritische Kommentare verbietet: Höflichkeit geht vor Ehrlichkeit.

Die interkulturellen Trainings bei Samsung unterscheiden sich nicht nur methodisch, sondern auch inhaltlich von den in westlichen Kulturen üblichen. Die Etikette eines Landes steht im Vordergrund, während der Kern einer Kultur, die tiefer liegende und dem Außenstehenden nicht sichtbare Werteebene, nicht explizit thematisiert wird. Da keine zentralen Kulturstandards vermittelt werden, die situationsübergreifend Wahrnehmen, Denken und Handeln prägen, können die Teilnehmer kein kognitives Orientierungssystem aufbauen und sind in Situationen, die nicht Gegenstand der Vorbereitung waren, auf sich allein gestellt. Schließlich ist es nicht möglich, für alle denkbaren künftigen interkulturellen Interaktionen angemessene Verhaltensweisen einzuüben.

Die Trainingseinheiten sind weder teilnehmer- noch aufgabenspezifisch ausgerichtet. Bei Vorbereitungsmaßnahmen für Einsätze in Europa wird lediglich zwischen West- und Osteuropa unterschieden, so dass innereuropäische Kulturunterschiede, beispielsweise zwischen Spanien und der Schweiz, weitgehend unberücksichtigt bleiben.

Interaktives computergestütztes Training hat bei Samsung einen hohen Stellenwert. Dies mag einerseits darauf zurückzuführen sein, dass es sich um einen Elektrokonzern handelt, so dass der Zugang zu den erforderlichen Infrastrukturen vergleichsweise einfach ist. Andererseits spielen auch Effizienzüberlegungen eine Rolle: Einmal erstellte Trainingsmaterialien können mit geringem personellem Aufwand immer wieder und bei einer großen Zahl von Trainingsteilnehmern eingesetzt werden. Geographische Distanzen können durch den weltweiten Zugang zu interaktiven Trainingsmodulen auf dem Intranet problemlos überwunden werden. Zudem können die Mitarbeiter Trainingszeiten und Lerngeschwindigkeit individuell wählen. Erfahrungsorientiertes Lernen kann auf diese Weise zwar nicht ersetzt, jedoch auf flexible Art und Weise vor- und nachbereitet werden.

Für europäische Verhältnisse ungewöhnlich ist der hohe Forschungsaufwand, den Samsung zur Entwicklung interkultureller Kompetenz betreibt. Die systematisch generierten Informationen über fremde Länder und Kulturen werden nicht nur in interkulturellen Trainingsmaßnahmen, sondern auch im operativen Geschäft und bei strategischen Überlegungen berücksichtigt. Demgegenüber nehmen viele europäische Unternehmen weder das Wissen ihrer Rückkehrer zur Kenntnis noch führen sie eigene Erhebungen vor Ort durch. Eine europäische Führungskraft steht nach abgeschlossenem Auslandseinsatz nicht neun Wochen lang für eine Auswertung ihrer Erfahrungen in der interkulturellen Zusammenarbeit zur Verfügung, wie dies im Rahmen des *Repatriate Program* bei Samsung der Fall ist.

Hohe Investitionen in Perrsonalentwicklungsmaßnahmen fallen Unternehmen in kollektivistischen Kulturen mit langfristiger Orientierung tendenziell leichter, da davon auszugehen ist, dass die Trainingsteilnahme die Loyalität des Mitarbeiters gegenüber dem Unternehmen erhöht. Vor diesem Hintergrund sind auch Maßnahmen wie das einjährige *Regional Study Program* zu verstehen, das westliche Effizienzkriterien in der Weiterbildung nicht erfüllen würde.

Dass die eigene Kultur für Koreaner einen hohen Stellenwert hat, kommt durch Maßnahmen wie dem *Refreshment course* zum Ausdruck, der den Expatriates ihre kulturelle Herkunft bewusst machen und ein zu intensives Eintauchen in eine andere Kultur verhindern soll. In den Auslandsniederlassungen werden lokale Mitarbeiter vermehrt in interkulturelle Trainingsmaßnahmen einbezogen, um diese mit der koreanischen Kultur vertraut zu machen und das gegenseitige Verständnis zu verbessern. Das Internet wird genutzt, um Informationen zum Leben und Arbeiten mit Koreanern zu geben.

4.5 Kultur-Assimilator

Eine Methode zur Entwicklung interkultureller Kompetenz, die aufgrund der Fortschritte in den Bereichen Informatik und Telekommunikation an Bedeutung gewinnen wird, ist der Kultur-Assimilator. Die nachfolgenden Ausführungen zu dieser Form des programmierten Lernens zeigen auf, wie interkulturelles Lernen computer-basiert erfolgen kann. Das bei Samsung zum Einsatz kommende Computer-Training verdeutlicht bereits die Möglichkeit, Informatik in das interkulturelle Training einzubeziehen, hinsichtlich der Didaktik entsprechen sie jedoch nicht dem Kultur-Assimilator-Konzept.

Programmiertes Lernen

Craig und Bittel empfahlen in der ersten Auflage ihres *Training and Development Handbook* schon im Jahre 1967, die traditionellen Lehrmethoden um Methoden des programmierten Lernens zu ergänzen. Programmiertes Lernen soll eine schrittweise, kontrollierte Entwicklung des Wissens ermöglichen. Es erfordert die aktive Mitarbeit des Teilnehmers, der unmittelbares Feedback über die Qualität seiner Antworten erhält. Dabei ist es nicht notwendig, eine Beziehung zwischen Trainer und Trainee aufzubauen.

Kulturspezifischer Assimilator

Der Kultur-Assimilator wurde von Fiedler, Mitchell und Triandis an der Universität von Illinois, Chicago, entwickelt und basiert auf Erkenntnissen der kognitiven Sozialpsychologie und Attributionsforschung. Er beruht auf der Annahme, dass soziale Ereignisse und interaktive Handlungsprozesse verstehbar, vorhersehbar und beeinflussbar werden, wenn man weiß, warum bestimmte Ereignisse und Verhaltensweisen in der sozialen Umwelt so und nicht anders stattfinden und warum Interaktionspartner bestimmte Ziele verfolgen. Der Lernende soll interkulturelle Situationen aus der Sicht von Angehörigen der Gastkultur interpretieren können, ohne dabei seine eigene Kultur aufzugeben. Zu Recht wird kritisiert, die Bezeichnung «Assimilator» sei im Gegensatz zur alternativ verwendeten amerikanischen Bezeichnung «*intercultural sensitizer*» irreführend.

Der Kultur-Assimilator ist als programmiertes Training in Buchform oder als *Computer Based Training* (CBT) erhältlich und besteht aus bis zu einhundert kurzen Episoden, die jeweils eine kritische interkulturelle Interaktionssituation, einen *critical incident*[40], zwischen einem Besucher und einem Angehörigen der Gastkultur beschreiben.

Zu jedem *critical incident* erhalten die Teilnehmer je drei bis vier Erklärungsalternativen für das Verhalten der beteiligten Personen. Aus diesen Alternativen ist diejenige zu bestimmen, die die Interaktionssituation aus der Sicht eines Mitglieds der fremden Kultur am treffendsten erklärt. Der Perspektivenwechsel soll ermöglichen, das beschriebene Verhalten adäquat zu interpretieren und angemessen darauf zu reagieren.

Hat sich der Teilnehmer für eine der Interpretationen entschieden, erhält er eine Rückmeldung, ob seine Wahl richtig oder falsch war. Zu jeder Alternative wird eine ausführliche Erläuterung gegeben, warum es sich um die richtige beziehungsweise die falsche Erklärung handelt. Die Informationen unterstützen den Teilnehmer beim Aufbau eines kulturellen Bezugsrahmens, mit dessen Hilfe er ähnliche Situationen im weiteren Trainingsverlauf sowie später in der fremden Kultur selbst bewältigen kann. Eine richtige Antwort wird belohnt, indem der Teilnehmer mit der nächsten Episode fortfahren kann. Ist die Antwort falsch, wird er aufgefordert, die Interaktionssituation erneut zu bearbeiten. Text 3 zeigt exemplarisch einen Auszug aus dem für deutsche Führungskräfte entwickelten Kultur-Assimilator für China.

Die *critical incidents* sind nach dem Prinzip des ansteigenden Schwierigkeitsgrades angeordnet, zudem wird immer wieder auf bereits behandelte Kulturstandards zurückgegriffen. Hat der Teilnehmer alle Situationen, die zu einem bestimmten Kulturstandard vorgegeben werden, durchlaufen, erhält er weitere Erklärungen über die Bedeutung und Verankerung dieses Kulturstandards in der Tradition der jeweiligen Kultur.

Text 3 Auszug aus dem Kultur-Assimilator für China [41]

Kritische Interaktionssituation

Andreas F., Ingenieur in einem bayerischen Elektrounternehmen, sieht sich bei Verhandlungen in China vor eine ausgesprochen schwierige Situation gestellt. Die technische Leiterin eines chinesischen Instituts möchte wertvolle technische Informationen von ihm, die er auf keinen Fall preisgeben darf. Es geht um die Zusammensetzung eines Bauteils sowie um dessen Fertigungsprozess. Zwischen Andreas F. und der technischen Leiterin entwickelt sich eine heftige Diskussion. Der Deutsche argumentiert, dass es sich hier um firmeneigenes Know-how handelt, über das er keine Auskunft geben könne. Die Chinesin hingegen betont immer wieder, dass man den Wert einer Sache kennen müsse, bevor man sie kaufe. Andreas F. wünscht eine Unterbrechung der Verhandlung und weist nochmals darauf hin, dass er die Information auf keinen Fall weitergeben werde.

Nach der Verhandlungspause ist die technische Leiterin nicht mehr unter der Delegation. Aber anstatt Erleichterung zu verspüren, ist Andreas F. verunsichert, weil er nicht weiß, was dies zu bedeuten hat.

Können Sie Andreas F. erklären, warum die Chinesin nicht mehr dabei ist?

Alternative Attribuierungen

A) Das Ganze ist eine fein ausgeklügelte Taktik, um zu testen, ob Andreas F. die Informationen nicht doch weitergibt.

B) Die technische Leiterin hat bei den Verhandlungen die gewünschte Offenheit vermisst und sich deshalb zurückgezogen.

C) Die Chinesen haben beschlossen nachzugeben, und bringen daher Kollegen, die mit diesem Thema noch nicht aktiv befasst waren, in die Verhandlung.

D) Die Chinesin wurde wegen ihres Misserfolges von höherer Stelle abberufen.

Bitte treffen Sie Ihre Wahl zwischen den Alternativen A bis D.

Erklärung zu Alternative A: Nein, diese Erklärung ist nicht richtig. Sicher gebraucht jede Seite bei Verhandlungen gewisse Kniffe und Tricks. Dies ist in einem gewissen Rahmen auch legitim, um seine Interessen durchzusetzen. Natürlich können Chinesen sehr eigennützig sein. Sie suchen oft mit Zähigkeit ihren eigenen Vorteil. Aber man darf nicht davon ausgehen, dass sie ihre Partner, mit denen sie ins Geschäft kommen wollen, bewusst hinters Licht führen. Das verbietet der Wunsch nach Freundschaft und Harmonie. Sie werden sich noch einmal mit der Situation auseinandersetzen müssen.

Erklärung zu Alternative B: Mit dieser Erklärung gehen Sie von unrealistischen Annahmen aus. Finden Sie es richtig, bei Verhandlungen in jedem Stadium um jeden Preis offen zu sein? Es ist ein legitimes Mittel der Interessenwahrung, gewisse Dinge auch einmal zu verschweigen, wenn es notwendig erscheint. Das ist eine durchaus übliche Geschäftspraxis, mit der auch die Chinesen vertraut sind. Sie sind gewiss nicht so naiv und unrealistisch zu vermuten, dass bei ihnen Ausnahmen gemacht würden. Wenn sie nichts erfahren, geht die Welt auch nicht unter. Versuchen Sie, eine bessere Erklärung zu finden. Achten Sie nicht nur auf die Reaktion der Chinesin, sondern betrachten Sie den gesamten Prozess, der zu der beschriebenen Reaktion führt.

Erklärung zu Alternative C: Sie haben den Sachverhalt richtig erkannt. Die Chinesen haben eingesehen, dass die einzige Möglichkeit, den Konflikt zu lösen, darin besteht, nachzugeben. Andreas F. hat ihnen den ersten Schritt zu einer gesichtswahrenden Lösung erleichtert, indem er eine Verhandlungspause vorschlug. Der nächste Schritt bestand konsequenterweise darin, die technische Leiterin aus der Delegation zu nehmen.

Hätte nämlich sie nachgegeben, wäre das nach dem vorhergehenden Fehlschlag ein Gesichtsverlust gewesen, sowohl für sie als auch für die gesamte Delegation. Das Gesicht kann hier gewahrt werden, wenn ein anderes Gruppenmitglied einlenkt.

Erklärung zu Alternative D: Es ist sehr unwahrscheinlich, dass diese Erklärung zutrifft. Die Chinesen sind zwar einem starken hierarchischen Denken unterworfen. Diese Hierarchie dient jedoch nicht nur der Kontrolle des Einzelnen, sondern auch seinem Schutz, zum Beispiel vor Gesichtsverlust. Wenn ein Vorgesetzter die Chinesin wegen eines Fehlers oder Misserfolgs abberuft, bereitet er ihr damit einen erheblichen Gesichtsverlust. Fehler werden intern bereinigt, aber niemals auf diese Weise vor einem Ausländer. Lesen Sie die Situation nochmals durch und wählen Sie eine andere Erklärung.

Kulturallgemeiner Assimilator

Die meisten Kultur-Assimilatoren sind beidseitig kulturspezifisch: sowohl Zielkultur als auch Ausgangskultur sind festgelegt. Sie sind für Teilnehmer aus einer bestimmten Kultur konzipiert, die auf Interaktionen mit Angehörigen einer konkreten fremden Kultur vorbereitet werden sollen. Ein China-Assimilator für deutsche Führungskräfte beispielsweise behandelt vorwiegend Verhandlungs-, Führungs- und Managementsituationen in der Interaktion deutscher Mitarbeiter mit chinesischen Kollegen oder Geschäftspartnern.

Einzig der von BRISLIN entwickelte *General Culture Assimilator* stellt einen kulturallgemeinen Assimilator dar, der die Schwerpunkte verschiedener kulturspezifischer Versionen integriert. Die insgesamt einhundert *critical incidents* dieses Assimilators tragen sich in verschiedenen Ländern zu und drehen sich um insgesamt achtzehn Themen, die, im Gegensatz zum kulturspezifischen Assimilator, kulturübergreifend und damit für eine Vielzahl interkultureller Konstellationen relevant sind.

Der Assimilator kann unabhängig von den künftigen Aufgaben und geographischen Einsatzgebieten der Teilnehmer angewendet werden und eignet sich auch für *diversity trainings* in Unternehmen, deren Mitarbeiter aus einer Vielzahl von Kulturen stammen. Viele der *critical incidents* sind jedoch durch US-amerikanische Verhaltensweisen geprägt, weshalb die universale Einsetzbarkeit des kulturübergreifenden Assimilators in Frage zu stellen ist.

Kritische Beurteilung

Der Kultur-Assimilator stellt die am besten erforschte interkulturelle Trainingsmethode dar. Seine Effektivität wurde in zahlreichen Studien bestätigt, aufgrund der hohen Entwicklungskosten ist seine Anwendung jedoch bis heute auf wenige Kulturen beschränkt. Die Durchführung eines Trainings mit dem Kultur-Assimilator erfordert nur etwa drei bis fünf Stunden. Daher ist es besonders geeignet für hoch motivierte Teilnehmer, denen nur wenig Zeit für Vorbereitungsmaßnahmen zur Verfügung steht. Durch die Beschäftigung mit dem Kultur-Assimilator wird der Teilnehmer in Situationen versetzt, die er so oder ähnlich in einem fremden Umfeld erleben wird: Er kennt weder die Gründe für das beobachtete Verhalten seiner Interaktionspartner noch kann er Reaktionen vorhersehen, die sein eigenes Verhalten auslöst. Mit dem Kultur-Assimilator lernt er nicht nur kognitiv, sondern mittels Feedback durch das Trainingsprogramm auch durch Erfahrung.

Weitere Vorteile des Kultur-Assimilators:

- Er vermittelt zentrale Kulturstandards und keine Vielzahl von Einzelrezepten oder aber zu allgemeine Aussagen, die für konkrete Situationen keine Relevanz haben. Dabei sensibilisiert er zugleich für die Orientierungsmuster der eigenen Kultur und relativiert sie.
- Das Training kann sehr flexibel gehandhabt und damit verschiedensten Ansprüchen gerecht werden. Es kann jederzeit und fast überall stattfinden, die Verfügbarkeit des Trainingsmaterials vorausgesetzt. Mitarbeiter aus der gleichen Abteilung können nacheinander vorbereitet werden, krankheits- oder berufsbedingtes Fehlen hat keine Konsequenzen, denn Trainingseinheiten können jederzeit nachgeholt werden. Die Durchführung erfordert keinen Trainer und kann sowohl individuell als auch in Gruppen erfolgen.
- Die Teilnehmer können die Geschwindigkeit ihres Vorgehens und damit ihres Lernens selbst bestimmen und ihr Wissen über die fremde Kultur fortlaufend an neuen Situationen erproben. Das sofortige Feedback auf die gewählte Antwort trägt zur Lernmotivation bei.
- Der Kultur-Assimilator kann hinsichtlich Trainingsinhalt und -intensität auf die besonderen Bedürfnisse einer spezifischen Anwendergruppe zugeschnitten und mit anderen Trainingsansätzen kombiniert werden.
- Der Kultur-Assimilator kann den Teilnehmern in Form von Disketten oder CD-ROMs ausgehändigt beziehungsweise via Intranet bereitgestellt werden. Der heutige Stand der Technik erlaubt, *critical incidents* nicht nur in Schrift, sondern auch in Bild und Ton darzustellen.

Nachteile des Kultur-Assimilators:

- Das Training bietet den Teilnehmern keine Gelegenheit, Handlungsstrategien einzuüben, um Handlungssicherheit zu erwerben.
- Für die Durchführung sind Selbstdisziplin und ein hohes Maß an Eigenmotivation erforderlich, der Teilnehmer muss sich auf die vordefinierten Schritte und Übungen einlassen.

- Die Entwicklung eines Assimilators ist komplex und kostenintensiv. Beteiligen sich jedoch mehrere Unternehmen an seiner Entwicklung, können die Kosten aufgeteilt werden.
- Für deutsche Führungskräfte existieren bislang nur Assimilatoren für China und Südkorea.

Der Kultur-Assimilator vermittelt dem Teilnehmer zwar die zentralen Kulturstandards einer fremden Kultur, dennoch sollte er nur als ein Baustein interkultureller Trainings betrachtet werden. Der ergänzende Einsatz aktiver Methoden ist empfehlenswert, da diese die Einbeziehung der affektiven und der Verhaltenskomponente in das Training ermöglichen.

5 Handlungsempfehlungen zur Entwicklung interkultureller Kompetenz

Aufgrund der bisherigen Überlegungen wird deutlich, dass Maßnahmen zur Entwicklung interkultureller Kompetenz ein strategischer Charakter zukommen muss. An die Stelle der traditionellen Vorbereitung, die fachliche und sprachliche Aspekte in den Vordergrund stellt und stark von der Eigeninitiative des Mitarbeiters abhängt, müssen umfassende Personalentwicklungsmaßnahmen treten, die Mitarbeitern ein erfolgreiches Agieren im interkulturellen Kontext ermöglichen.

Die Handlungsempfehlungen beschränken sich nicht auf methodische und inhaltliche Aspekte interkultureller Trainings. Sie schließen auch Strategien der Mitarbeiterselektion und flankierende Maßnahmen ein. Da interkulturelle Personalentwicklung zeit- und kostenintensiv ist und zudem meist nicht kurzfristig durchgeführt werden kann, werden darüber hinaus Möglichkeiten aufgezeigt, wie die Entwicklung interkultureller Kompetenz im Unternehmen institutionalisiert und wirtschaftlich gestaltet werden kann. Die individuelle inhaltliche und methodische Konkretisierung und Operationalisierung der Maßnahmen bleibt Aufgabe des Unternehmens.

5.1 Strategische Bedeutung interkultureller Kompetenz

Unterstützung von Seiten des Top-Managements

Nur mit Unterstützung des Top-Managements kann die Entwicklung interkultureller Kompetenz den Stellenwert erhalten, der ihr gebührt. Im Idealfall wird bereits auf höchster Ebene eine multikulturelle Managementphilosophie vertreten. Oft ist eine fortschrittliche internationale Personalentwicklung der Initiative einzelner Persönlichkeiten zu verdanken. Wird im Sinne eines *top down approach* auch das oberste Management in Maßnahmen zur Entwicklung interkultureller Kompetenz einbezogen, hat dies Signal- und Vorbildcharakter für den Rest des Unternehmens.

Integrierte Personalentwicklung

Bedarfsplanung, Mitarbeiter-Selektion und Durchführung von Trainingsmaßnahmen sind im Sinne eines integrierten Ansatzes der Personalentwicklung miteinander zu vernetzen. Die folgenden Handlungsempfehlungen betreffen lediglich die Bedarfsplanung, da auf Mitarbeiter-Selektion und die Gestaltung von Entwicklungsmaßnahmen noch detailliert eingegangen wird.

Ausgangspunkt ist eine strategische Analyse im Sinne einer Standortbestimmung. Gegenstand einer solchen Analyse sind die Unternehmensstrategie, die aktuellen und künftigen Rahmenbedingungen der Unternehmenstätigkeit sowie daraus abzuleitende Anforderungen an die Mitarbeiter. Der konkrete Bedarf an interkulturell kompetenten Mitarbeitern lässt sich dann anhand folgender Fragestellungen ermitteln:

- Welche Aufgaben interkultureller Zusammenarbeit sind im Unternehmen in Zukunft zu leisten? Welche relevanten interkulturellen Schlüsselsituationen können bestimmt werden?
- Wo liegen interkulturelle Schnittstellen und welche Funktionen sind betroffen?
- Für welche Position ist interkulturelle Kompetenz notwendig? Spätestens hier dürfte bei vielen Unternehmen deutlich werden, dass die Zielgruppe für Trainings bislang viel zu eng gefasst ist.
- Wo werden Kultur-Spezialisten, wo Generalisten benötigt?
- Welche interkulturellen Schlüsselkompetenzen sind erforderlich (Anforderungsprofil)? Welche der erforderlichen Qualifikationen weisen die Mitarbeiter bereits auf, welche müssen durch entsprechende Maßnahmen entwickelt oder verbessert werden?

Für die Bedarfsplanung erweist sich ein Informationssystem als hilfreich, in dem Vorerfahrungen der Mitarbeiter, regionale Präferenzen für künftige Auslandseinsätze sowie ungewöhnliche Sprachkenntnisse erfasst sind.

In vielen Unternehmen sind exakte Angaben über die Auslandserfahrung der Mitarbeiter gar nicht verfügbar. Auch die aktuelle Zahl von Mitarbeitern im Ausland sollte mit detaillierten Angaben abrufbar sein: Welcher Mitarbeiter befindet sich seit wann in welchem Land? Wie hat sich der Mitarbeiter in der fremden Kultur bewährt? Für wann ist die Rückkehr geplant? Besteht Interesse an einer Vertragsverlängerung?

Erst wenn der Bedarf an interkultureller Kompetenz qualitativ und quantitativ erfasst ist, können im Rahmen des Entwicklungskonzepts differenziert Ziele definiert und geeignete Qualifizierungsmaßnahmen ausgearbeitet werden. Eine zentrale Frage ist, ob das Personalmanagement die Lücke zwischen Ist und Soll an interkultureller Kompetenz zu schließen vermag oder externe Unterstützung benötigt wird.

5.2 Ausweitung der Zielgruppe

Die klassische Zielgruppe für interkulturelle Trainings ist zu eng gefasst, da sich in zunehmendem Maße nicht nur Expatriates mit den besonderen Herausforderungen interkultureller Zusammenarbeit konfrontiert sehen.

Inlandsmitarbeiter an interkulturellen Schnittstellen

Neben Expatriates sind auch Inlandsmitarbeiter an interkulturellen Schnittstellen auf interkulturelle Kompetenz angewiesen. Darunter fallen beispielsweise Mitarbeiter, die mit ausländischen Geschäftspartnern zu tun haben oder die in interkulturellen Projektteams arbeiten. In vielen Dienstleistungsunternehmen gehören interkulturelle Kundenkontakte sogar zum Alltag, beispielsweise im Airline-Business.

Mitreisende Lebenspartner und Kinder

Bei Auslandseinsätzen sollten mitreisende Partner und gegebenenfalls ältere Kinder in Trainingsmaßnahmen einbezogen werden, da sie für den Mitarbeiter das zentrale, sozial und emotional bedeutsame Umfeld darstellen. Für sie ist die neue Umgebung oft eine größere Herausforderung als für den Mitarbeiter, dem viele Strukturen in seinem beruflichen Radius bereits vertraut sind.

Mitglieder einer multi-cultural workforce

Mitarbeiter unterschiedlicher Nationalität, die als Mitglieder einer *multi-cultural workforce* im Unternehmen zu integrieren sind, stellen in den USA bereits seit einigen Jahren die Zielgruppe für *diversity training* dar. Personalentwicklungsmaßnahmen auf diesem Gebiet sind in Europa noch selten, obwohl in zahlreichen Branchen durchaus von einer *multi-cultural workforce* gesprochen werden kann.

Mitarbeiter des Bereichs «Internationale Personalentwicklung»

Mit den Aufgaben der internationalen Personalentwicklung haben sich auch die Anforderungen an die verantwortlichen Personalfachleute geändert. Sofern sie nicht selbst über das erforderliche Problembewusstsein verfügen, werden sie sich kaum engagiert für Maßnahmen zur Entwicklung interkultureller Kompetenz einsetzen. Sie sollten daher nach Möglichkeit nicht nur an Trainingsmaßnahmen teilnehmen, sondern auch über eigene Auslandserfahrung verfügen und damit den Anforderungsprofilen, die sie zu vertreten haben, selbst genügen.

Mitglieder des Top-Managements und Managementnachwuchs

Der interkulturellen Kompetenz des Top-Managements kommt im Hinblick auf internationale Zusammenarbeit, auf Joint Ventures oder grenzüberschreitende Akquisitionen eine besondere Bedeutung zu: Seine Entscheidungen haben direkten Einfluss auf den Erfolg und die Zukunftssicherung des Unternehmens. Da die Führungsspitze für Qualifizierungsmaßnahmen meist nicht (mehr) zur Verfügung steht, sollte zumindest beim Managementnachwuchs rechtzeitig und systematisch interkulturelle Kompetenz als Basisqualifikation entwickelt werden, damit dieser gut gerüstet in die Unternehmensführung und deren internationales Aufgabenfeld hineinwächst.

Mitarbeiter mit Auslandserfahrung

Oft sind Mitarbeiter mit der Logik einer fremden Kultur nicht vertraut, obwohl sie viele Jahre dort gearbeitet haben. Kulturstandards, die zahlreichen Einzelerlebnissen zugrunde liegen, bleiben unerkannt. Interkulturelles Training ermöglicht dem Mitarbeiter, seine wertvollen Erfahrungen sinnvoll in ein Orientierungssystem zu integrieren und in künftigen Situationen von seinem Erfahrungsschatz zu profitieren. Erfahrungswissen und theoretisches Wissen ergänzen sich in idealer Weise. Hinzu kommt, dass Mitarbeiter, denen ein Kulturmodell die eigenen Erfahrungen bestätigt, eher bereit sind, die Nützlichkeit dieses Modells als Orientierungshilfe einzusehen.

5.3 Trainingszeitpunkt

Die zeitliche Planung der Trainingsmaßnahmen sollte sich am Informationsbedarf der Teilnehmer orientieren, da dieser Motivation und Lernbereitschaft beeinflusst. Der Zeitraum zwischen dem Beginn eines vorbereitenden Trainings und dem tatsächlichen Einsatz sollte nicht zu lang sein: Liegt der Einsatz noch in weiter Ferne, sind die Teilnehmer nicht optimal motiviert. Zudem ist fraglich, ob sie sich in der Gastkultur noch an das Gelernte erinnern können. Eine Vorbereitung zu kurz vor Ausreise ist ebenfalls wenig sinnvoll, weil die Mitarbeiter in dieser Phase vorwiegend an praktischen und organisatorischen Ratschlägen interessiert sind, und nicht an Denk- und Verhaltensweisen von Angehörigen der anderen Kultur.

Damit vorhandene Stereotype und Vorurteile über einen längeren Zeitraum nicht Bestätigung finden, sollte ein erstes Begleit-Training spätestens drei Monate nach der Einreise in die fremde Kultur stattfinden. Weitere *Follow-up trainings* bieten den Vorteil, dass die Teilnehmer bereits über konkrete Praxiserfahrungen verfügen. Zwischenzeitlich erlebte Defizite und kritische Interaktionssituationen mit Angehörigen der fremden Kultur können vor dem Hintergrund der früher vermittelten Kulturmodelle gemeinsam mit kompetenten Trainern reflektiert und aufgearbeitet werden.

Lässt man finanzielle und organisatorische Restriktionen außer acht, präsentiert sich der in Tabelle 8 dargestellte Ablauf der Trainingsmaßnahmen ideal.

Tabelle 8 Kombination vorbereitender und begleitender Trainingsmaßnahmen

vorbereitendes Training in der Heimatkultur	*begleitendes Training in der fremden Kultur*
2–3 Monate vor der Ausreise	*unmittelbar nach der Ausreise*
▪ vorbereitendes Training, bevor das Bedürfnis nach Überlebens-Informationen dominant wird ▪ Inhalte: allgemeine Informationen über die Kultur des Einsatzlandes und dessen Einwohner; kulturallgemeine Sensibilisierung; Vorbereitung auf die konstruktive Bewältigung von Stress und Kulturschock; kulturspezifische Einstellungs- und Verhaltensänderungen	▪ *Start-up trainings* Supervision der ersten Erfahrungen in der interkulturellen Zusammenarbeit *ab 3 Monaten nach der Ausreise* ▪ *Follow-up trainings* In *Follow-up trainings* werden zwischenzeitlich aufgetretene Konflikte analysiert und interkulturelle Synergiepotenziale gesucht.

In westlichen Unternehmen wird meist erwartet, dass der Mitarbeiter seine neue Aufgabe im interkulturellen Umfeld von Anfang an kompetent bewältigt. In vielen asiatischen Unternehmen ist dies nicht der Fall. Auslandsmitarbeitern wird eine, oft großzügig bemessene, Eingewöhnungszeit zugebilligt. Auch eine befristete Doppelbesetzung ist nicht ungewöhnlich, während der sich der Mitarbeiter von seinem Vorgänger einarbeiten lässt.

5.4 Trennung von Sprachausbildung und interkulturellem Training

Es ist unbestritten, dass Sprachkurse als Vorbereitungsmaßnahme für einen Auslandsaufenthalt notwendig sind, sofern der Mitarbeiter noch nicht über angemessene Fremdsprachenkenntnisse verfügt, um sich mit seinen Interaktionspartnern verständigen zu können. Die Idee, Sprachausbildung und interkulturelles Training miteinander zu verbinden, hat in den vergangenen Jahren dazu geführt, dass zahlreiche Sprachschulen die Sprachkurse um den Aspekt interkulturelles Management erweitert haben.

Eine ernsthafte Auseinandersetzung mit der eigenen und einer fremden Kultur ist im Rahmen eines Sprachkurses aus zwei Gründen jedoch kaum möglich. Einerseits fehlt die sprachliche Kompetenz: Es handelt sich um abstrakte Themen, bei denen es schwierig ist, sich in der fremden Sprache präzise auszudrücken. Andererseits ist die zur Verfügung stehende Zeit knapp: Innerhalb der Unterrichtszeit kann kaum angemessen auf interkulturelle Fragestellungen eingegangen werden. Hinzu kommt, dass Sprachen, vor allem die weitverbreiteten Sprachen Englisch und Spanisch, in sehr unterschiedlichen Kulturen gesprochen werden.

Interkulturelles Training sollte daher getrennt vom traditionellen Sprachkurs und möglichst in der Muttersprache des Mitarbeiters durchgeführt werden. Einzelne Trainingssequenzen hingegen können zur Erhöhung der Authentizität auch in der entsprechenden Fremdsprache durchgeführt werden.

5.5 Kooperationen

Kooperation von Forschung und Praxis

Um sowohl methodisch als auch inhaltlich auf dem aktuellen Stand zu sein, empfiehlt es sich, die Kooperation von Forschung und Praxis weiter auszubauen. So können Forschungsergebnisse, vor allem Erkenntnisse der kulturvergleichenden Forschung in den Sozial- und Geisteswissenschaften, unmittelbar in die Trainings einfließen. In welcher Form auf dem Gebiet der Postgraduierten-Studiengänge eine Zusammenarbeit von Unternehmen mit Hochschulen möglich ist, wurde am Beispiel der Universität von Hawaii aufgezeigt.

International orientierte Bildungsinstitutionen

Verschiedene Bildungsinstitutionen haben sich durch die internationale Orientierung ihrer Ausbildungsprogramme, die vielfach Auslandssemester und -praktika vorsehen, einen Namen gemacht.[42]

Zahlreiche Unternehmen unterhalten intensive Kontakte zu solchen Fachhochschulen und Universitäten. Sie fördern Diplomarbeiten und Dissertationen, führen internationale Symposien und Kontaktseminare durch und bemühen sich, international orientierte Absolventen für sich zu gewinnen.

Kooperation zwischen Unternehmen

Die Kooperation zwischen Unternehmen stellt eine Möglichkeit dar, das Training interkultureller Kompetenz wirtschaftlicher zu gestalten. Zudem können Erfahrungen ausgetauscht und Netzwerke gebildet werden.[43] Auf dem Gebiet des interkulturellen Trainings kann ohne weiteres auch branchenübergreifend zusammengearbeitet werden.

Sinnvoll ist vor allem die gemeinsame Planung, Konzeption und Durchführung kulturspezifischer Trainings, weil aufgrund der größeren Zahl potenzieller Teilnehmer eine häufigere Durchführung möglich ist und damit eine größere Wahrscheinlichkeit besteht, dass ein Training zum gewünschten Zeitpunkt stattfindet. Durch eine solche Kooperation kann eine bessere Auslastung interner Trainings erreicht und die Zahl kostspieliger Einzel- und Kleinstgruppentrainings gesenkt werden. Denkbar sind auch Austauschprogramme mit ausländischen Kooperationspartnern, die eine Vorbereitung auf beiden Seiten erlauben.

Kooperationen auf dem Gebiet des interkulturellen Trainings sind noch selten und meist auf persönliche Kontakte unter den Trainingsverantwortlichen zurückzuführen. Eine Plattform für einen unternehmensübergreifenden Erfahrungsaustausch unter Praktikern stellt SIETAR dar, die *Society for Intercultural Education, Training and Research*, die auch in Deutschland vertreten ist.

5.6 Inhaltliche und methodische Aspekte

Im Rahmen dieses Buches wird nicht differenziert darauf eingegangen, welche spezifischen Trainingsinhalte und -methoden für welche Zielgruppen angebracht sind. Die folgenden Empfehlungen sind als Leitlinien zu verstehen, die detaillierte Trainingsplanung bleibt den darauf spezialisierten Fachleuten vorbehalten.

Individuelle Bedürfnisanalyse

Sofern möglich, sollten Trainingsmaßnahmen jeweils individuell auf die Aufgaben, Schwächen und vorhandenen Kenntnissen der Teilnehmergruppe abgestimmt werden. Eine Bedürfnisanalyse trägt maßgeblich dazu bei, Trainings so effizient wie möglich zu gestalten.

Zur Ermittlung der Trainingsbedürfnisse bieten sich verschiedene Methoden an:

- Analyse der künftigen Aktivität im interkulturellen Umfeld und Erstellen eines Anforderungsprofils, Durchführung eines Soll-/Ist-Vergleichs
- Analyse von Problemen, die in ähnlichen Konstellationen interkultureller Zusammenarbeit aufgetreten sind
- Ermittlung des aktuellen interkulturellen Wissens
- Analyse der aktuellen interkulturellen Handlungskompetenz der Teilnehmer, zum Beispiel anhand von Rollenspielen.

Bei Fusionen, Allianzen oder bei Joint Ventures sollte grundsätzlich eine Analyse der beteiligten Landes- und Unternehmenskulturen durchgeführt werden, die nicht kompatible Arbeitsweisen und Erwartungen sowie Informations-Defizite der Partner zu Tage bringt und deren Erkenntnisse in die Konzeption interkultureller Trainings einfließen.

Modularer Aufbau der Entwicklungsmaßnahmen

Ein modulares Trainingskonzept ermöglicht den Mitarbeitern, die ihrem jeweiligen Entwicklungsbedarf entsprechenden Trainingseinheiten zu durchlaufen. Die Interkulturelle Toolbox, die von Bosch entwickelt wurde, ist hierfür ein Beispiel. Mit Hilfe eines Fragebogens wird ermittelt, auf welche Aufgaben und interkulturellen Überschneidungssituationen der Mitarbeiter vorzubereiten ist und über welche Kenntnisse er bereits verfügt. Zehn verschiedene Entwicklungsmodule stehen zur Auswahl. Eine solche Toolbox ermöglicht einerseits eine Effizienzsteigerung und Qualitätssicherung, andererseits die notwendige Individualisierung bei der Realisierung von Trainingsmaßnahmen.

Kombination verschiedener Lehrmethoden

Die Wahrscheinlichkeit, sämtliche Teilnehmer mit ihren individuellen Lernstilen anzusprechen, erhöht sich bei der Anwendung unterschiedlicher Lehrmethoden. Da interkulturelle Trainings nicht nur kognitive, sondern auch affektive und verhaltensorientierte Ziele verfolgen, ist ein Ansatz naheliegend, der aktive und passive Methoden integriert. Die Teilnehmer dürfen keinesfalls nur passive Konsumenten von Vorträgen und Referaten sein, sondern sollten sich aktiv an der Erarbeitung der Inhalte beteiligen. Erfahrungsorientierte Maßnahmen, die entdeckendes oder exemplarisches Lernen ermöglichen, sind wegen des Personalbedarfs und der begrenzten Teilnehmerzahl zwar aufwändig und kostenintensiv, jedoch sehr effektiv. Sie zeichnen sich durch eine größere Praxisnähe aus und unterstützen den Transfer des Gelernten auf künftige Anwendungssituationen. Es gilt jedoch, gewisse Rahmenbedingungen zu erfüllen. Dazu gehören eine Beschränkung der Teilnehmerzahl, geeignete Räumlichkeiten für Rollenspiele und Gruppenarbeit sowie ausreichend Zeit zur Vor- und Nachbereitung einzelner Aktivitäten.

Die Kombination aktiver und passiver Lehrmethoden hat nicht nur positivere Teilnehmerreaktionen zur Folge, sondern auch angemessenere Verhaltensweisen im Gastland.

Kultur-Modell als Grundlage

Ein Modell wie das Dimensionen-Modell von Hofstede ermöglicht die Reduktion des komplexen Phänomens Kultur auf wesentliche kulturbestimmende Dimensionen, die eine Orientierungs- und Strukturierungshilfe bieten. Derartige Dimensionen stellen Werkzeuge dar, mit denen kulturelle Muster erkannt, beschrieben und analysiert werden können. Sie erlauben die relative Einordnung einer Kultur im Kulturengefüge und vermitteln eine grobe Grundorientierung. Diese ermöglicht:

– eine Vorbereitung auf künftige interkulturelle Erfahrungen
– eine Integration aktueller interkultureller Erfahrungen
– das Verstehen und Verarbeiten früherer interkultureller Erfahrungen.

Vermittlung kulturspezifischer Kenntnisse und Fähigkeiten

Grundsätzlich gilt: Interkulturelles Training sollte sich weder auf praktisch-organisatorisches und landeskundliches noch auf kulturallgemeines Wissen beschränken. Theoretisches Wissen über allgemeine Kulturunterschiede ist im konkreten Alltag nicht sehr hilfreich. Reines *awareness training* birgt die Gefahr, dass sich bei den Teilnehmern anstelle der angestrebten Kulturbewusstheit ein Gefühl von Hilflosigkeit und Inkompetenz einstellt. Daher darf sich ein Training nicht auf das Aufzeigen von kulturellen Unterschieden und Konfliktpotenzialen beschränken, sondern muss auch Strategien der erfolgreichen Bewältigung umfassen.

Training sollte daher in erster Linie kulturspezifische Kenntnisse und Fähigkeiten vermitteln, die für interkulturelle Zusammenarbeit relevant sind. Daher sollte der Mitarbeiter bereits im Training erleben, welchen Einfluss Kultur auf das menschliche Verhalten hat. Erkenntnissen der sozialen Lerntheorie gemäß sind hierzu aktive Trainingsmethoden besonders geeignet. In Rollenspielen beispielsweise, die mit einem Co-Trainer aus der fremden Kultur durchgeführt werden, können die Teilnehmer authentisch erleben, wie ihr eigenes Handeln in der Interaktion wirkt. Das unmittelbare Feedback eines Angehörigen der fremden Kultur signalisiert dem Teilnehmer, ob sein Handeln angemessen und effektiv ist. Hinzu kommt, dass in der Trainingsumgebung Fehler gemacht werden können, die keine realen Konsequenzen nach sich ziehen. Anhand von Videoaufzeichnungen können die Interaktionsprozesse eines Rollenspiels rekonstruiert und im Detail analysiert werden. Die Trainingsteilnehmer erkennen so nicht nur, dass ihr Handeln durch die eigene Kultur geprägt ist, sie lernen zugleich spezifische Besonderheiten der fremden Kultur. Beides trägt zu einer Steigerung der Empathiefähigkeit bei. Realitätsnahe und auf die spezifischen Bedürfnisse der Teilnehmer zugeschnittene Aufgabenstellungen erleichtern den Teilnehmern die Identifikation mit den Trainingsinhalten.

Interkulturelle Grundsensibilisierung

Eine interkulturelle Grundsensibilisierung durch kulturallallgemeines Basis-Training eignet sich nicht nur für Mitarbeiter, die Kontakte mit Menschen aus vielen verschiedenen Kulturen haben, sondern auch für künftige Expatriates, für die noch kein Entsendungsziel feststeht. Durch die Teilnahme an einer interkulturellen Grundsensibilisierung stehen, auch für den Fall kurzfristiger Einsätze, Mitarbeiter zur Verfügung, die mit grundlegenden Kulturunterschieden vertraut sind. Die Grundsensibilisierung bildet zudem ein geeignetes Fundament für kulturspezifische Trainingsmaßnahmen. Wird ein solches Basis-Training einem breiteren Mitarbeiterkreis zugänglich gemacht, können Teilnehmer, die im Training positiv reagieren und Interesse an fremden Kulturen zeigen, in den Kreis potenziell entsendbarer Kandidaten aufgenommen werden.

Da interkulturelle Kompetenz grundsätzlich ein bestimmtes Maß an (inter-)kulturellem Grundwissen erfordert, sollten auch kulturspezifische Trainings elementare kulturallgemeine Kenntnisse vermitteln.

Orientierung des Trainingskonzepts an der Kultur der Teilnehmer

Nicht jedes Trainingskonzept ist in jeder Kultur angemessen. Verhaltensweisen und Erwartungen der Teilnehmer, aber auch die Art und Weise, Informationen aufzunehmen, zu verarbeiten und umzusetzen, sind interkulturell verschieden. Daher ist zu prüfen, ob eine Anpassung des Trainingskonzepts erforderlich ist.

Erfahrungsorientierte Trainingsmethoden haben, ausgehend von den USA, die Praxis der interkulturellen Vorbereitung in der ganzen Welt beeinflusst. Sie sind in vielen kollektivistischen Kulturen mit hoher Machtdistanz jedoch weder üblich noch angebracht. Ähnliches gilt für Kulturen mit ausgeprägter Unsicherheitsvermeidung. Ihre Angehörigen sind fremden Denk- und Verhaltensweisen gegenüber negativer eingestellt als Angehörige von Kulturen mit geringer Tendenz, Unsicherheiten zu vermeiden. Aufgrund kulturabhängiger Präferenzen für die verschiedenen Lehrmethoden gibt es kein Trainingskonzept, das kulturübergreifend als das Beste bezeichnet werden könnte. Sowohl Trainingsmethoden als auch -inhalte, die in den USA entwickelt wurden, können nicht ohne weiteres in anderen Kulturen eingesetzt werden. Viele kritische Interaktionssituationen beispielsweise, die auf nordamerikanische Werte, Einstellungen und Verhaltensweisen zugeschnitten sind, erweisen sich zwar für Amerikaner, nicht aber für Deutsche oder Schweizer als kritisch.

Bi- oder multikulturelle Trainings

Trainings für gemischt-kulturelle Gruppen, wie sie in einigen der untersuchten Unternehmen durchgeführt werden, bieten den Vorteil, dass Situationen interkultureller Zusammenarbeit nicht simuliert werden müssen: Sofern nicht ausschließlich passive Lehrmethoden zum Einsatz kommen, ergeben sie sich zwangsläufig. In Interaktionssituationen, in denen die Teilnehmer Aufgaben auf kulturbedingt unterschiedliche Art und Weise angehen, können neue, synergetische Formen des Zusammenarbeitens identifiziert werden.

5.7 Flankierende personalpolitische Maßnahmen

Die Effektivität interkultureller Trainings kann durch verschiedene flankierende Maßnahmen gesteigert werden.

Auslandseinsätze als Instrument der Personalentwicklung

Für die Entwicklung interkultureller Kompetenz spielen Auslandseinsätze eine zentrale Rolle: Sie sind Entwicklungsmotiv (Anlass) und -instrument zugleich. Praktische Erfahrungen in einer fremden Kultur ergänzen die im Training erworbenen Kenntnisse und Fähigkeiten und tragen maßgeblich zur Entwicklung und Verbesserung interkultureller Kompetenz bei. Auslandseinsätze sollten keinesfalls als Härtetest, sondern vielmehr als Maßnahme zur Personal- und Persönlichkeitsentwicklung betrachtet werden. Um einen nachhaltigen Beitrag zur Entwicklung interkultureller Kompetenz zu leisten, müssen sie mit Maßnahmen der Vor- und Nachbereitung gekoppelt sein. Grundsätzlich sind Länder mit einer großen Kulturdistanz für Auslandseinsätze vorzuziehen, da sie eine größere Herausforderung an die interkulturelle Lernfähigkeit darstellen.

Multikulturelle Jobrotation

Multikulturelle Jobrotation ist nicht nur innerhalb des Unternehmens, sondern auch mit Joint Venture-Partnern, Kunden oder Lieferanten möglich; Kreativität und Flexibilität vorausgesetzt, steht sie auch kleineren und mittleren Unternehmen offen.

Mitarbeit in multikulturellen Teams

Die Mitarbeit in internationalen Task-Forces oder Projektgruppen ist als flankierendes Instrument zur Förderung interkultureller Kompetenz ebenso geeignet wie die Mitgliedschaft in internationalen Nachwuchsgruppen.

International ausgerichtete Traineeprogramme

Internationale Traineeprogramme bieten die Möglichkeit, verschiedene Maßnahmen der Personalentwicklung miteinander zu kombinieren. So können Projektarbeit, Auslandseinsatz, interkulturelles Training und weitere Seminare zu einem Ausbildungs-Paket verknüpft werden, das den Führungsnachwuchs schon früh auf Aufgaben in der interkulturellen Zusammenarbeit vorbereitet. Verschiedene Unternehmen haben ihre Traineeprogramme bereits weiterentwickelt und konsequent international ausgerichtet.

Interkulturelle Erfahrungen sollten in Nachbereitungsseminaren systematisch reflektiert und aufgearbeitet werden. Diese bieten die Möglichkeit, Missverständnisse und Fehlwahrnehmungen zu korrigieren und bislang unerschlossene Synergiequellen im Unternehmen aufzudecken.

Look-and-See-Trips

Look-and-See-Trips vor Auslandseinsätzen sollen den Mitarbeiterinnen und Mitarbeitern die Gelegenheit geben, mit zukünftigen Vorgesetzten und Kollegen in Kontakt zu kommen. Sie werden nach Möglichkeit gemeinsam mit den aufnehmenden Unternehmen im Gastland vorbereitet und können sogar Trainingscharakter haben, sind dann allerdings aufwändig zu organisieren. Innere Widerstände mitreisender Partner oder Kinder können durch einen gut vorbereiteten Besuch des künftigen Umfelds reduziert oder gar beseitigt werden.

5.8 Nutzung vorhandener interkultureller Erfahrung

«A repatriated employee usually has a wealth of information and knowledge learned abroad for the company.»[44]

Erfahrungen, die Mitarbeiter im Rahmen internationaler Unternehmenstätigkeit in verschiedenen Ländern und Kulturen machen, sollten nicht nur zu Lerneffekten auf der persönlichen Ebene, sondern auch auf Unternehmensebene führen. Bislang gibt es jedoch nur in wenigen Unternehmen systematische Ansätze, Wissen und Erfahrung erprobter Auslandsmitarbeiter so aufzubereiten, dass der Nutzen sowohl für den Mitarbeiter als auch für das Unternehmen gesteigert wird. Oft werden Entscheidungen, die die Geschäftstätigkeit im Ausland betreffen, von Mitarbeitern getroffen, die nur wenig internationale Erfahrung haben. Kollegen, die jahrelang in den entsprechenden Kulturen gelebt und gearbeitet haben, werden nicht konsultiert. Mit einem solchen Vorgehen werden nicht nur Fehlentscheidungen, sondern auch Unverständnis und Unzufriedenheit der Zurückgekehrten riskiert.

Durch kontinuierliche Sammlung und Auswertung gemachter Erfahrungen kann die interkulturelle Kompetenz des Unternehmens als Ganzes ausgebaut werden und es wird vermieden, Fehler mehrfach zu begehen.

Durchführung von Debriefings

In qualifizierten Auswertungsgesprächen (Debriefings) sind relevante Erfahrungen und Erkenntnisse des Mitarbeiters systematisch zu erheben und hinsichtlich ihrer Generalisier- und Übertragbarkeit zu beurteilen. Vom Mitarbeiter kann nicht erwartet werden, dass er seine Erfahrungen selbst angemessen aufbereitet. Vor allem die Auswertung emotional aufgeladener Erlebnisse erfordert ein tiefergehendes Verständnis von kulturellen Unterschieden. Die Gefahr, dass negative Erfahrungen nicht mitgeteilt werden, ist nicht auszuschließen.

Im Fall von abgebrochenen oder gescheiterten Auslandseinsätzen ist eine Erhebung der auslösenden Ursachen naheliegend. Es gilt zu klären, welche Fehler im Stammhaus und im Tochterunternehmen im Ausland gemacht wurden. Auf diese Art können *critical incidents* ermittelt werden, die in künftigen Trainings zum Einsatz kommen und den Vorteil haben, branchen-, ja sogar unternehmensspezifisch zu sein.

Mit der Durchführung eines Debriefings rückkehrender Mitarbeiter dokumentiert das Unternehmen sein Interesse an deren teilweise mühsamen Erfahrungen. Für die systematische Auswertung von Auslandserfahrungen bieten sich auch Reintegrationsseminare an.

Nutzung interkultureller Kompetenz von Repatriates

Im Idealfall kann der zurückgekehrte Mitarbeiter seine interkulturelle Kompetenz auch am neuen Arbeitsplatz nutzbringend einsetzen. Auslandserfahrene Mitarbeiter können ihr Know-how in Selektion und Training künftiger Expatriates einbringen oder als Ansprechpartner für Entsandte, hierunter fallen auch ausländische Kollegen, die ins Stammhaus versetzt werden, fungieren. In beiden Fällen können sie ihre interkulturellen Erfahrungen unmittelbar anwenden. Erfahrungsgemäß ist die Bereitschaft groß, derartige Aufgaben zu übernehmen.

Organisationales Lernen

Die Idee des organisationalen Lernens basiert auf der Annahme, dass der individualistisch geprägte Begriff des Lernens auf überindividuelle Ganzheiten übertragen werden kann. Organisationales Lernen erfolgt zwar über die individuellen Lernprozesse der Mitarbeiter, stellt jedoch nicht einfach das kumulative Ergebnis dieser individuellen Lernprozesse dar. Im Hinblick auf interkulturelle Kompetenz bedeutet dies, dass sich das Wissen eines Unternehmens über kulturspezifische Besonderheiten sowie Handlungsstrategien und deren Konsequenzen im fremdkulturellen Umfeld entwickelt oder verändert. Relevantes interkulturelles Know-how der Mitarbeiter muss erschlossen und im Rahmen eines *knowledge managements* gesichert werden. Gesammelte Erfahrungen haben nur dann für alle einen Nutzen, wenn sie als landes- und kulturspezifische Informationen problemlos abrufbar sind. Eine interkulturelle Datenbank, auf die Unternehmensteile in aller Welt zurückgreifen können und deren Daten in Trainings sowie in strategische Entscheidungen einfließen, kann diese Anforderung erfüllen.

Als leichter zu realisierende Alternative bietet sich eine personenbezogene Datenbank an, die Auskunft darüber gibt, welche Mitarbeiter für welche Kulturen und in welchen Tätigkeitsfeldern über interkulturelle Kompetenz verfügen. Eine solche Datensammlung ermöglicht auch, bei Bedarf binnen kurzer Zeit eine interkulturell kompetente Projektgruppe zusammenzustellen. Entwicklung und Pflege solcher Datenbanken zahlen sich jedoch nur aus, wenn die gespeicherten Daten auch tatsächlich genutzt werden.

Cultural synergy circles

In Anlehnung an das *quality circle*-Konzept kann ein Unternehmen *cultural synergy circles* einrichten. Vor allem Mitarbeiter, die sich häufig im Ausland aufhalten, können hier ihre interkulturellen Erfahrungen untereinander sowie mit Experten diskutieren und reflektieren. So wird verhindert, dass Wissen verlorengeht, sobald ein Mitarbeiter aus dem Unternehmen ausscheidet. Zudem werden kollektive Lernprozesse angeregt.

5.9 Selektion geeigneter Mitarbeiter

Der Aufbau interkultureller Kompetenz im Unternehmen muss bereits bei der Personalbeschaffung und -auswahl ansetzen. Tätigkeiten in einem interkulturellen Umfeld stellen höhere Anforderungen an die Persönlichkeit und die Fähigkeiten des Mitarbeiters als entsprechende Tätigkeiten in monokultureller Umgebung. Viele Unternehmen gehen dennoch davon aus, dass ein Mitarbeiter, der sich in der Heimatkultur bewährt, auch unter völlig anderen Bedingungen in einer fremden Kultur erfolgreich ist. Diese Annahme ist jedoch nicht haltbar. Oft schränken fachliche Anforderungen den Kreis der Kandidaten von vornherein stark ein. Bei kurzfristigen Entsendungen kommt hinzu, dass die schnelle Verfügbarkeit von Kandidaten oft Vorrang hat vor deren Eignung.

Die folgende Zusammenstellung von Auswahlkriterien basiert auf Forschungsergebnissen der vergangenen Jahre. Sie ist an den Bedürfnissen der Praxis orientiert und erhebt keinen Anspruch auf Vollständigkeit.

«Someone who has not been an effective manager in the home setting is not likely to be successful abroad.»[45]

Fachliche Qualifikation und bisherige Erfolge

Expatriates werden oft vorrangig aufgrund ihrer fachlichen Eignung und bisherigen Erfolge ausgewählt. Ein Grund für diese Selektionspraxis ist, dass fachliche Kenntnisse häufig Voraussetzung für den Erhalt einer Arbeitserlaubnis im Ausland sind. Zudem sind Mitarbeiter im Auslandseinsatz über ihr eigentliches Aufgabengebiet hinaus einer Vielzahl zusätzlicher Anforderungen und Belastungen ausgesetzt, so dass eine hohe fachliche Qualifikation zur Souveränität im Beruf und damit zur Akzeptanz durch die einheimischen Kollegen und Geschäftspartner beiträgt. Oft stellen auch spezifische Fremdsprachenkenntnisse eine unverzichtbare Schlüsselqualifikation dar, beispielsweise für Tätigkeiten in China.

Doch schon im monokulturellen Umfeld zeigt sich, dass Sozialkompetenz ebenso wichtig ist wie Fachkompetenz. Im Unterschied zu fachlichen Qualifikationen können wichtige Facetten sozialer Kompetenz durch Entwicklungsmaßnahmen nur schwer verändert werden, da sie in der Persönlichkeit des Individuums verankert sind. Soziale Kompetenz stellt somit eine Basis dar, auf der Maßnahmen zur Entwicklung interkultureller Kompetenz aufbauen.

Charakter- oder Persönlichkeitseigenschaften

Folgende Charaktereigenschaften, die zweifelsohne auch für Tätigkeiten in einem monokulturellen Umfeld hilfreich sind, spielen im interkulturellen Kontext eine besondere Rolle und sollten daher als Kriterien bei der Selektion von Mitarbeitern angemessen berücksichtigt werden. Sie tragen zu einer möglichst reibungslosen Integration des Mitarbeiters in einer fremden Kultur bei.

- *Empathie*
  Empathie ist die Fähigkeit und Bereitschaft, sich in verschiedene Rollen, Standpunkte und Aufgaben einzudenken und einen Perspektivenwechsel vorzunehmen. Sie ermöglicht, sich in die Denk- und Erlebniswelt anderer Menschen einzufühlen, Situationen mit deren Augen zu sehen und so deren Beweggründe und Motive zu verstehen.

- *Ambiguitätstoleranz*
  Ambiguitätstoleranz ist die Fähigkeit, ein hohes Maß an Ungewissheit, Widersprüchlichkeit, Unklarheit und Unentschiedenheit auszuhalten, ohne handlungsunfähig zu werden oder unangemessen zu reagieren. Sie erlaubt, auch in unstrukturierten Situationen effektiv zu handeln.

- *Frustrationstoleranz*
  Frustrationstoleranz ermöglicht, unerfüllte Erwartungen, Enttäuschungen sowie Fehl- und Rückschläge konstruktiv, das heißt selbstkritisch und lernend, zu verarbeiten, ohne aggressiv oder regressiv zu reagieren.

- *Konfliktfähigkeit und Konflikttoleranz*
  Da Konflikte in der interkulturellen Zusammenarbeit unvermeidbar sind und es zudem in vielen Kulturen nicht üblich ist, Konflikte sachlich zu klären und auszutragen, sollte der Mitarbeiter über Konfliktfähigkeit und -toleranz verfügen. Für Auslandsmitarbeiter kommt oft erschwerend hinzu, dass sie sich in einem Spannungsfeld der Interessen von Auslandsniederlassung und Gesamtunternehmen befinden.

- *Unvoreingenommenheit und interkulturelle Lernbereitschaft*
  Der Mitarbeiter sollte sich der fremden Kultur gegenüber aufgeschlossen und interessiert zeigen und bereit sein, unvertrauten Denk- und Verhaltensweisen vorurteilsfrei, mit Respekt und Toleranz zu begegnen und persönlich von ihnen zu lernen.

- *Bereitschaft und Fähigkeit, kulturgebundene Aktivitäten zu ersetzen*
  Der Mitarbeiter sollte bereit und fähig sein, Aktivitäten, die ihm in der eigenen Kultur Freude und Zufriedenheit bereitet haben, durch neue Aktivitäten in der fremden Kultur zu ersetzen.

- *Integrationsbereitschaft in einer fremden Umwelt*
  Der Mitarbeiter sollte bereit sein, sich in ein fremdkulturelles Umfeld zu integrieren, das heißt, sich anzupassen, ohne seine eigene kulturelle Identität aufzugeben.

- *Soziale Orientierung und Kontaktinitiative, Kommunikations- und Teamfähigkeit*
  Da erfolgreiche interkulturelle Interaktionen die Bereitschaft und Fähigkeit voraussetzen, soziale Beziehungen mit Kollegen oder Geschäftspartnern aufzubauen und zu pflegen und auf deren Interessen einzugehen, sollte der Mitarbeiter soziale Orientierung, Kontaktinitiative, Kommunikations- und Teamfähigkeit zeigen.

- *Motivation zur interkulturellen Zusammenarbeit*
  Die Entscheidung des Kandidaten sollte freiwillig, in Kenntnis der Chancen und Risiken seiner künftigen Aufgabe und nicht allein aufgrund finanzieller Motive erfolgen. Kandidaten, die ein persönliches Interesse an fremden Kulturen haben, sind solchen vorzuziehen, die einen Auslandsaufenthalt als notwendigen Karriereschritt gezwungenermaßen in Kauf nehmen.

Aufgaben- und kulturspezifische Kriterien

Während Flexibilität in jeglicher Form interkultureller Zusammenarbeit hilfreich und damit fester Bestandteil eines Anforderungsprofils ist, können Fähigkeiten oder Eigenschaften eines Mitarbeiters, die in der Heimatkultur einen Erfolgsfaktor darstellen, in anderen Kulturen zu einem Hindernis werden. Extrovertierte Mitarbeiter beispielsweise eignen sich eher für die Zusammenarbeit mit Nord- oder Südamerikanern, introvertierte, eher zurückhaltende Mitarbeiter sind in asiatischen Kulturen tendenziell erfolgreicher.

Daher empfiehlt es sich, kulturspezifische Anforderungsprofile zu erstellen und bei der Selektion darauf zu achten, dass das Persönlichkeitsprofil des Kandidaten möglichst weitgehend mit dem relevanten kulturspezifischen Anforderungsprofil übereinstimmt. Auch die Untersuchungen Hofstedes legen nahe, der kulturellen Kompatibilität von Charaktereigenschaften des Mitarbeiters sowie den Gepflogenheiten der fremden Kultur Beachtung zu schenken. Interkulturelle Kompetenz eines Mitarbeiters kann sich in jenen Kulturen am besten entfalten, wo dessen persönliche Denk- und Handlungsweisen am stärksten «nachgefragt» werden.

Jeder Auswahlentscheidung sollte neben einer Analyse der Fremdkultur und ihrer spezifischen Anforderungen auch eine Analyse der Anforderungen der künftigen Aufgabe vorausgehen. Die so ermittelten Profile können dann mit den Persönlichkeitseigenschaften des Kandidaten und gegebenenfalls mitreisender Lebenspartner verglichen werden.

Da jedes Anforderungsprofil von der zu besetzenden Position und den kulturellen Bedingungen unterschiedlich geprägt wird, spielt auch die Gewichtung der Selektionskriterien eine wesentliche Rolle. Ambiguitätstoleranz beispielsweise hat einen hohen Stellenwert, wenn künftige Aufgabe und Umfeld sehr unstrukturiert und die kulturellen Unterschiede zur Heimatkultur des Mitarbeiters groß sind. Liegt das Schwergewicht der Aufgabe im Know-how-Transfer, sind pädagogische und didaktische Fähigkeiten erforderlich, auf die bei reinen Koordinationsaufgaben hingegen ohne weiteres verzichtet werden kann.

Viele Unternehmen messen der vorhandenen Auslandserfahrung hohe Bedeutung bei. Sie gehen davon aus, dass auslandserfahrene Mitarbeiter durch die Fremdheit einer Kultur weniger belastet werden und Strategien erlernt haben, wie sie sich in einem unbekannten Umfeld orientieren können. Doch Auslandserfahrung allein reicht nicht aus, um besser mit Menschen einer anderen Kultur interagieren zu können. Untersuchungen über den Effekt von internationalen Austauschprogrammen bestätigen, dass ein Auslandsaufenthalt bei einem Großteil der Beteiligten nicht zu einem besseren Verständnis der anderen Kultur führt, sondern bestehende Vorurteile verstärkt. Da fremdes Verhalten vor dem Hintergrund der eigenen Deutungsmuster vielfach falsch interpretiert wird, ermöglichen erst interkulturelle Trainings eine qualifizierte Aufarbeitung der gemachten Erfahrungen.

Allgemeine Situation des Kandidaten

Die folgenden Eigenschaften entziehen sich dem Wirkungsbereich von Personalentwicklungsmaßnahmen weitgehend und sind bei der Selektion ebenfalls zu berücksichtigen:

- *Gesundheit, körperliche Belastbarkeit*
  Oft stellen klimatische Bedingungen und häufige Ortswechsel erhöhte Anforderungen an die physische Kondition, hinzu kommen erforder-

liche Impfungen, vor allem bei Einsätzen in tropischen und subtropischen Regionen.

- *Psychische Belastbarkeit und emotionale Stabilität, Stressresistenz*
  Psychische Belastbarkeit und emotionale Stabilität ermöglichen die Bewältigung von Stress, der durch die soziale und physiologische Anpassung entsteht.

- *Private Situation des Kandidaten*
  Bei der Auswahl künftiger Expatriates sollte auch die private Situation des Kandidaten eine Rolle spielen. Relevante Fragen sind beispielsweise, ob Familienmitglieder von einem Auslandseinsatz mitbetroffen sind, ob diese die Entscheidung unterstützen oder ob in der Heimat soziale Verpflichtungen bestehen.

- *Mitreisende Partner*
  Die Mehrzahl junger Führungskräfte hat heute Partner, die selbst berufstätig sind. Ihretwegen sind Mitarbeiter oft nicht zu einem Auslandseinsatz bereit, werden Auslandsverträge nicht verlängert oder Auslandseinsätze vorzeitig abgebrochen. Daher empfiehlt es sich, die Lebenspartner der Kandidaten bereits in der Selektionsphase miteinzubeziehen und nicht erst in der Vorbereitungsphase. Stehen die Partner einer Auslandsentsendung ablehnend gegenüber, sollte der Kandidat nicht in die engere Auswahl kommen.
  Die meisten der in diesem Kapitel genannten Anforderungen gelten auch für mitreisende Partner. Für sie kommt bei einer Auslandsentsendung erschwerend hinzu, dass ihnen die stabilisierende Beziehung zu einer beruflichen Tätigkeit fehlt. Tandem-Modelle, die das Angebot einer akzeptablen beruflichen Perspektive für Lebenspartner einschließen, sind leider nur in Ausnahmefällen realisierbar.

- *Stabilität der bestehenden Beziehungen*
  Da der mitreisende Partner für den Mitarbeiter oft der wichtigste Ansprechpartner in der fremden Kultur ist, empfiehlt es sich, der Stabilität der Beziehung Beachtung zu schenken. Dauernde Beziehungskrisen können die Leistungsfähigkeit im Ausland erheblich reduzieren.

- *Alter des Mitarbeiters*
  Hinsichtlich des idealen Alters für einen Auslandseinsatz gehen die Meinungen der Experten auseinander. Das Alter eines Kandidaten sollte jedoch nicht als ausschließendes, sondern als ergänzendes Kriterium betrachtet werden. Für die Auswahl jüngerer Mitarbeiter sind folgende Argumente zu nennen:

  - Mobilität, solange diese noch nicht durch eine Familie oder ein Eigenheim eingeschränkt ist
  - höhere physische Belastbarkeit
  - höhere Anpassungsfähigkeit (auch der mitreisenden Partner)
  - die mit einem Auslandseinsatz verbundenen (Lohn-)Kosten sind meist geringer als bei älteren Führungskräften.

  Für die Auswahl älterer Mitarbeiter hingegen spricht:

  - Erfahrung
  - psychische Stabilität
  - Mobilität, wenn diese nicht mehr aufgrund schulpflichtiger Kinder eingeschränkt ist
  - Reintegrationsprobleme verlieren mit zunehmendem Alter an Bedeutung
  - in vielen Regionen wird Führung noch stark mit Altersweisheit und Alterserfahrung assoziiert.

Es bleibt Aufgabe der Unternehmen, eigene Anforderungsprofile für Mitarbeiter mit Aufgaben in der interkulturellen Zusammenarbeit zu formulieren und in Selektionsprozessen zu berücksichtigen.

5.10 Trainerwahl

Die Auswahl eines Trainingsinstituts oder eines Trainers erweist sich oft als schwierig, weil keine vorgeschriebene akademische oder praktische Berufsausbildung mit entsprechenden Ausbildungsrichtlinien existiert. Zulassungsvoraussetzungen, beispielsweise in Form einer Lizenz, sind nicht erforderlich. Es gibt auch keine professionelle Organisation, die sich speziell der Ausbildung von interkulturellen Trainern widmet und methodische und pädagogische Qualifikationen, vor allem Kenntnisse und Fähigkeiten in gruppendynamischen Prozessen, überprüft. Eine Zertifizierung interkultureller Trainer ist seit längerem im Gespräch, konkrete Maßnahmen in dieser Richtung sind jedoch nicht in Sicht. Dies hat zur Folge, dass sich weiterhin jeder als interkultureller Trainer betätigen kann, auch wenn er die notwendigen Qualifikationen nicht besitzt.

Da der Trainingserfolg maßgeblich von der Kompetenz der Trainer abhängt, ist darauf zu achten, dass diese neben authentischen Bezügen zu den fremden Kulturen auch über ein entsprechendes wissenschaftliches und methodisches Fundament verfügen. Folgende Qualifikationen sollte ein interkultureller Trainer aufweisen:

- interkulturelle Kompetenz
- persönliche interkulturelle Lebens- und Arbeitserfahrung, um interkulturelle Vorbereitung praxisorientiert durchführen zu können; dies schließt eigene Erfahrung mit dem Phänomen des Kulturschocks und der Komplexität des Anpassungsprozesses in einer fremden Kultur ein
- eingehende Kenntnis der Heimatkultur der Teilnehmer sowie der Zielkultur, auf die vorbereitet wird
- umfassende Kenntnis geeigneter Trainingsmethoden zur Entwicklung interkultureller Kompetenz und Fähigkeit, Inhalte und Methoden situativ anzupassen
- Fähigkeit, realistische Trainingsziele zu setzen und zu beurteilen, welche Ziele in welcher Zeit erreichbar sind
- Verständnis der Prozesse und Phasen interkulturellen Lernens
- Bedürfnis- und Teilnehmerorientierung: Dies erfordert die Fähigkeit, die spezifischen Trainingsbedürfnisse der Trainingsteilnehmer zu ermitteln und Inhalt und Methodik des Trainings darauf auszurichten. Dies schließt auch die Berücksichtigung individueller Lernstile, Erwartungen und Erfahrungen ein
- pädagogische Qualifikation, gruppendynamische Prozesse im Hinblick auf die angestrebten Lernziele effektiv zu steuern und dabei mit emotionalen Widerständen der Teilnehmer umzugehen.

Ideal, in der Praxis jedoch selten anzutreffen sind Trainer, die bilateral arbeiten, das heißt in zwei Kulturen aktiv sind. Trainer, die sowohl japanische Mitarbeiter auf Deutschland als auch deutsche Mitarbeiter auf Japan vorbereiten, sind zu einem ständigen Perspektivenwechsel gezwungen und kennen Probleme und Schwierigkeiten beider Seiten. Man kann davon ausgehen, dass die Aktualität ihres kulturspezifischen Wissens größer ist als die eines Trainers, der ständig nur deutsche Mitarbeiter in Deutschland vorbereitet. Zudem können sie vor Ort beratend tätig sein und sogar Einstiegshilfen in nützliche Netzwerke in der fremden Kultur bieten. Nach Möglichkeit sollten keine Co-Trainer eingesetzt werden, die seit Jahren nicht mehr in der eigenen Kultur gelebt haben.

6 Schlussbetrachtung

«If directed properly, multiculturalism is the most valuable asset that a global firm owns.»[46]

Die angemessene Berücksichtigung des Faktors Kultur wird in einem ständig härter werdenden internationalen Wettbewerb immer häufiger über Erfolg und Misserfolg unternehmerischer Aktivitäten entscheiden. Neben ökonomischer Effizienz wird die kulturelle Funktionalität des Managements daher als Erfolgsmaßstab weiter an Bedeutung gewinnen.

Indem interkulturelle Kompetenz Anlaufschwierigkeiten, Einarbeitungszeiten, Missverständnisse und Fehler in der interkulturellen Zusammenarbeit reduziert, dient sie der Sicherung und Verbesserung der weltweiten Konkurrenzfähigkeit eines Unternehmens. Sie ermöglicht, kulturbedingte Erwartungen von Mitarbeitern, Kunden und Geschäftspartnern zu berücksichtigen und Organisations- und Managementkonzepte auf deren Eignung in einem multikulturellen Umfeld zu hinterfragen.

Der Erfolg interkultureller Verständigung und Zusammenarbeit ist zugleich ein gesellschaftspolitisches Anliegen, da er, im Sinne eines Beitrags zur Völkerverständigung, über Unternehmensgrenzen hinaus in den gesellschaftspolitischen Bereich einwirkt. Daher sollte die Verantwortung für die Entwicklung interkultureller Kompetenz nicht allein der Personalentwicklung in den Unternehmen übertragen werden, auch Familie, Schule und Hochschule beziehungsweise Universität haben einen Beitrag zu leisten. Für Hochschulen und Universitäten ergeben sich in Lehre und Forschung neue Aufgaben.

Die im vorliegenden Buch vorgestellten Beispiele aus der Trainingspraxis dürfen nicht darüber hinwegtäuschen, dass eine systematische Entwicklung interkultureller Kompetenz noch immer die Ausnahme darstellt.

Es ist davon auszugehen, dass sich die Mehrheit der Unternehmen in weit geringerem Maße mit der Entwicklung interkultureller Kompetenz befasst. Oft sind der Stellenwert und die Intensität internationaler Personalentwicklung vom Engagement einzelner Persönlichkeiten auf Managementebene abhängig. Vielerorts fehlt die Einsicht, dass Investitionen in die interkulturelle Kompetenz der Mitarbeiter einen strategischen Wettbewerbsvorteil ermöglichen.

Es darf in Zukunft nicht mehr darum gehen, kulturell bedingte Probleme in fortgeschrittenem Stadium jeweils situativ zu lösen. Reaktive «Feuerwehreinsätze» müssen auf ein unvermeidbares Minimum beschränkt bleiben. Vielmehr ist durch gezielte und systematische Entwicklung interkultureller Kompetenz Problemen in der interkulturellen Zusammenarbeit vorzubeugen. Interkulturelle Kompetenz wird in einer globalen Wirtschaft zunehmend als Basisqualifikation zu betrachten sein, zumal grenzüberschreitende Kooperation und Projektarbeit immer breitere Mitarbeiterkreise involvieren. Die klassische mehrjährige Entsendung ins Ausland hingegen wird angesichts der hohen Dynamik der Wirtschaft an Bedeutung einbüßen.

Maßnahmen zur Entwicklung interkultureller Kompetenz sollten zu einem regelmäßigen Bestandteil von Managementtrainings werden. Bereits das vertiefte Verständnis eines Kulturmodells erweist sich in kulturellen Überschneidungssituationen als hilfreich.

Die Bewältigung kultureller Diversität innerhalb des eigenen Unternehmens wird eine weitere Schlüsselaufgabe des multikulturellen Managements sein. Trainings für kulturell gemischte Gruppen, wie sie bislang nur wenige Unternehmen durchführen, werden an Bedeutung gewinnen. Sie ermöglichen, auch Mitarbeiter ausländischer Tochter- oder Beteiligungsgesellschaften in Maßnahmen zur Entwicklung interkultureller Kompetenz einzubeziehen. Praxisorientiert können die Teilnehmer gemeinsam Lösungen zur Verbesserung der Zusammenarbeit entwickeln und bislang unentdeckte Synergiepotenziale identifizieren und nutzen.

Unternehmen werden im Hinblick auf die Entwicklung interkultureller Kompetenz weltweite Standards definieren müssen, um die Durchführung der erforderlichen Maßnahmen sicherzustellen. Je globaler interkulturelle Trainingsmaßnahmen künftig organisiert sind, desto größer sind die Chancen, bei kurzfristigen Entsendungen auch begleitende Trainings anbieten zu können.

Für ambitionierte Hochschulabsolventen werden international tätige Großkonzerne, *Global Player*, weiterhin die begehrtesten Arbeitgeber sein, da sie eine multikulturelle Umgebung und internationale Karrieremöglichkeiten bieten. Deren Konzepte zur Entwicklung interkultureller Kompetenz haben intern wie extern Signalwirkung: Sie zeigen, welche Bedeutung ein Unternehmen diesem Aspekt der Internationalisierung beimisst und erlauben eine Profilierung auf dem Arbeitsmarkt. Die Attraktivität von Positionen an interkulturellen Schnittstellen kann nachhaltig gesteigert werden, wenn dort gut vorbereitete Mitarbeiter erfolgreich tätig sind. Schließlich ist eine globale Wirtschaft darauf angewiesen, dass Mitarbeiter bereit sind, mit Angehörigen anderer Kulturen zu kooperieren und, sofern erforderlich, auch ins Ausland zu gehen um dort zu leben und zu arbeiten. Interkulturelle Kompetenz macht ein Unternehmen für Kunden, Geschäftspartner und Mitarbeiter und damit letztlich auch für die Aktionäre attraktiv. Sie ermöglicht eine weltoffene Unternehmenskultur, in der sich auch ausländische Führungskräfte wohl fühlen und ihr Leistungspotenzial entfalten können.

- *Trainerqualifikation*
  Für die Durchführung interkultureller Trainings gibt es nach wie vor keine ethischen Standards oder professionellen Verhaltensregeln. Das Berufsfeld des interkulturellen Trainers steht jedermann offen und ist nicht an bestimmte akademische Anforderungen gebunden. Die Anbieter sind zahlreich, ihre Erfolgsversprechen oft schwer einlösbar. Eine Informations- und Koordinationsstelle für interkulturelles Training könnte sich der Aufgabe annehmen, mehr Transparenz hinsichtlich praktizierter Trainingskonzepte und ausgewiesener Anbieter zu schaffen.

- *Erfolgskontrolle*
  Der Nachweis kostenrelevanter, kulturbedingter Probleme aufgrund nichterfolgten Trainings ist ebenso schwierig wie deren Quantifizierung. Gleiches gilt für den Kausalzusammenhang zwischen interkultureller Kompetenz und Leistungssteigerung im interkulturellen Arbeitsumfeld. Einzig die Trainingskosten lassen sich vergleichsweise einfach ermitteln.

Es scheint empfehlenswert, von einer vorwiegend kostenorientierten Betrachtungsweise Abstand zu nehmen und kulturbedingte Unterschiede als strategische Ressource zu verstehen, die es gezielt zu nutzen gilt. Ein solches Synergie-Management ist ohne interkulturelle Kompetenz der Beteiligten jedoch nicht möglich. Ausgaben für Maßnahmen zur Entwicklung interkultureller Kompetenz sollten daher als Investitionen in das qualitative Wachstum eines Unternehmens betrachtet werden, die sich möglicherweise erst mittel- und langfristig auszahlen.

- *Weiterentwicklung der Trainingskonzepte*
  Neue Techniken im Kommunikations- und Multimedia-Bereich kommen bei interkulturellen Trainings bislang nur wenig zum Tragen. Computergestütztes Training beispielsweise wird auch in Bereichen des interkulturellen Trainings ermöglichen, die Trainingskosten pro Teilnehmer zu senken. Trainings-Module können im Unternehmen via Intranet beliebig oft eingesetzt werden. Diese Möglichkeit der Multiplikation erlaubt es, eine große Zielgruppe anzusprechen. Im Gegensatz zu frühen PC-Versionen des Kultur-Assimilators werden computergestützte Trainings-Module durch die Integration von Videosequenzen und anspruchsvollen Interaktionsmöglichkeiten zwischen Teilnehmer und PC zunehmend benutzerfreundlich gestaltet. Telefonkonferenzen und andere Methoden des *distance learning* erlauben, große Distanzen zwischen Trainern und Trainingsteilnehmern zu überbrücken, ohne auf die Vorteile zwischenmenschlicher Interaktion und die Möglichkeit des direkten Feedbacks verzichten zu müssen. Erfahrungsorientiertes Lernen wird möglich, ohne dass Teilnehmer und Trainer am gleichen Ort versammelt sein müssen.

- *Selektion geeigneter Mitarbeiter*
  Da die Entwicklung interkultureller Kompetenz nur vor dem Hintergrund entsprechender Persönlichkeitseigenschaften möglich ist, wird man in Zukunft verstärkt versuchen, entsprechende Merkmale bereits bei der Rekrutierung des Führungsnachwuchses zu erkennen und so die für Tätigkeiten in einem interkulturellen Umfeld geeigneten Mitarbeiter zu identifizieren. Viele Unternehmen sind sich noch immer

nicht bewusst, welche Bedeutung eine sorgfältige Mitarbeiterauswahl im Hinblick auf die Entwicklung interkultureller Kompetenz hat. Der Forschung ist es bis heute nicht gelungen, wissenschaftlich gesicherte Prädiktoren interkultureller Effektivität und Effizienz zu ermitteln, oder Auswahlverfahren zu entwickeln, die valide, praktikabel und wirtschaftlich sind. Dies ist einer der Gründe, warum in der Praxis überwiegend Selektionskriterien und -instrumente zum Einsatz kommen, deren Validität zur Vorhersage erfolgreicher interkultureller Zusammenarbeit fragwürdig ist. Der heutige Forschungsstand ist durch vorläufige empirische Befunde und Plausibilitätsannahmen gekennzeichnet. Vor allem hinsichtlich regionalspezifischer Anforderungsprofile besteht ein erhebliches Forschungsdefizit.

- *Berücksichtigung des Faktors Kultur in der Unternehmensstrategie*
  Unternehmen müssen zunehmend nicht nur im operativen Geschäft, sondern auch bei strategischen Überlegungen kulturbedingte Erwartungen und Eigenheiten von Kunden, Partnern und Mitarbeitern berücksichtigen. Nur wenn die Berücksichtigung des Faktors Kultur fester Bestandteil der strategischen Planung ist, können Wettbewerbsvorteile, die interkulturelle Zusammenarbeit mit sich bringt, gezielt und nachhaltig genutzt werden. Erfahrungen mit internationalen Kooperationen und Joint Ventures haben gezeigt, dass eine rein ökonomische Beurteilung der strategischen Optionen zu kurz greift. Vor allem bei internationalen Zusammenschlüssen wird nur selten eingehend analysiert, ob die beteiligten Unternehmen auch in kultureller Hinsicht zueinander passen und wo Konfliktpotenziale bestehen. Kulturellen Aspekten sollte das gleiche Gewicht beigemessen werden wie finanziellen Überlegungen. Dabei soll die Identifikation von Konfliktpotenzialen keineswegs zu einem Verzicht der Zusammenarbeit führen. Vielmehr geht es darum, rechtzeitig erforderliche Personalentwicklungsmaßnahmen in die Wege leiten zu können. Bei der Planung und Gestaltung internationaler Kooperationen und Joint Ventures ist daher der Personalbereich frühzeitig mit einzubeziehen.

- *Think global – act local*
  Die Aufgabe, lokales Handeln mit den globalen Strategien und Vorgaben des Unternehmens in Einklang zu bringen, ist anspruchsvoll. Der sich verschärfende Wettbewerb führt dazu, dass künftig nur noch jenen Unternehmen Erfolg beschieden sein wird, deren Angebot am besten den lokalen Bedürfnissen entspricht. Lokales Handeln setzt jedoch interkulturelle Kompetenz voraus: Kenntnis und Verständnis der lokalen Gegebenheiten einschließlich des kulturell-gesellschaftlichen Umfelds. Dabei bedeutet interkulturelle Kompetenz nicht, kulturelle Andersartigkeit zu kennen und widerspruchslos hinzunehmen oder fremde Muster einfach zu übernehmen. Vielmehr ermöglicht sie, kulturbedingte Unterschiede in der eigenen Handlungsplanung angemessen zu berücksichtigen.

Unternehmen, die auch in Zukunft erfolgreich sein wollen, müssen die veränderten Anforderungen der Weltwirtschaft in ihrer Personalentwicklungs- und Rekrutierungspraxis stärker berücksichtigen, als dies bisher der Fall ist. Interkulturelle Kompetenz ist eine zentrale Basisqualifikation für breite Mitarbeiterkreise, ohne die interkulturelle Zusammenarbeit in vielen Fällen zum Scheitern verurteilt ist. Da sich immer mehr Unternehmen nur noch durch die Qualität ihrer Mitarbeiter unterscheiden, kommt der konsequenten Nutzung dieses Potenzials eine besondere Bedeutung zu. Für interkulturell kompetente Unternehmen stellen Kulturunterschiede kein Hindernis, sondern eine Quelle interkultureller Synergien und damit einen potenziellen Wettbewerbsvorteil dar.

Anhang

Anmerkungen

1 Adler, Nancy J. (1997), S. 98
2 Kanter, Rosabeth M. (1991), S. 152
3 Hofstede, Geert (1984), S. 151
4 Hofstede, Geert (1997), S. 85
5 Hofstede, Geert (1997), S. 89
6 Hofstede, Geert (1997), S. 113
7 vgl. Hofstede, Geert (1997), S. 156
8 vgl. Weidmann, Wilhelm F. (1995), S. 50
9 vgl. Weidmann, Wilhelm F. (1995), S. 52
10 Ford, John B. / Honeycutt, Earl D. (1992), S. 30
11 vgl. Endruweit, Günter (1981), S. 261 ff.
12 vgl. Oberg, Kalvero (1960), S. 177 ff.
13 vgl. Grove, Cornelius L. / Torbiörn, Ingemar (1985), S. 212
14 Punnett, Betty J. / Ricks, David A. (1992), S. 153
15 Szalay, Lorand B. (1981), S. 133.
16 Harris, Philip R. / Moran, Robert T. (1991), S. 21
17 Ricks, David A. (1993)
18 Grunberg, Leon (1981)
19 Adler, Nancy J. (1997), S. 71
20 vgl. Szalay, Lorand B. (1981), S. 138
21 vgl. Abschnitt 5.5
22 Kopper, Enid (1996), S. 230
23 Lustig, Myron W. / Koester, Jolene (1996), S. 188; im Original nicht kursiv
24 vgl. Hall, Edward T. / Hall, Mildred R. (1990), S. 6 ff.
25 Mead, Richard R. (1994), S. 14
26 Lewis, Jordan D. (1991), S. 326
27 vgl. Hall, Edward T. (1990)
28 Black, J. Stewart / Gregersen, Hal B. / Mendenhall, Mark (1992), S. 127
29 Gertsen, Martine C. (1990), S. 351 f.
30 Gudykunst, William B. / Guzley, Ruth M. / Hammer, Mitchell R. (1996), S. 65
31 Die Fallstudie basiert auf der Teilnahme des Autors am Seminar *Interkulturelle Managementpraxis und Kommunikation*, das im Auftrag eines deutschen Großkonzerns durchgeführt wurde.

32 Die Fallstudie basiert auf der Teilnahme des Autors am Seminar *Interkulturelles Management*, das zur Vorbereitung auf Südostasien durchgeführt wurde.

33 Kollektivistische Gesellschaften verstehen unter «Gesicht» eine Eigenschaft, die jemandem zuerkannt wird, der die wesentlichen Erfordernisse erfüllt, die mit seiner gesellschaftlichen Stellung verbunden sind.

34 Rollenspiele ersetzen kann Fallstudienarbeit jedoch nicht, da sie keine unmittelbaren Interaktionserfahrungen ermöglicht und sich somit für eine eingehende Interaktionsanalyse nicht eignet.

35 nach Bittner, Andreas / Reisch, Bernhard (1994), S. 208

36 *Siemens*, *Toshiba* und *IBM* haben sich im Rahmen einer strategischen Allianz 1993 zusammengeschlossen, um Synergien in der Halbleiterproduktion zu erzielen.

37 Autor des ausschließlich in japanischer Sprache erhältlichen Buches ist Prof. Isamu Kurita vom *Fujitsu Institute of Management.*

38 Bei ICL handelt es sich um eine Gesellschaft des Fujitsu-Konzerns.

39 Kun-Hee Lee, CEO der Samsung-Gruppe

40 Bei den *critical incidents* muss es sich um realitätsnahe und typische Interaktionsereignisse mit Angehörigen einer fremden Kultur handeln, um Situationen, die für den Lernenden konfliktgeladen sind und bei denen die Wahrscheinlichkeit der Fehlinterpretation groß ist. Die Situationen sollten für die Erfüllung der Aufgaben des Teilnehmers im fremdkulturellen Umfeld relevant sein.

41 Thomas, Alexander (1988), S. 160 ff.

42 Als Beispiele seien genannt: *European Business School* (Schloss Reichartshausen / Rhein), *Europäische Wirtschaftshochschule* (Berlin), *Hochschule für Unternehmensführung* (Koblenz), Universität Passau, Universität des Saarlandes, Universität München (Studiengang «Interkulturelle Kommunikation»), die Fachhochschulen Osnabrück, Münster und Reutlingen, *INSEAD* (Fontainebleau), *International Management Institute* (Lausanne), *Ingenieurschule Bern* (Nachdiplomkurs «Internationales Management»), *Graduate Business School* in St. Gallen (Postgraduate-Programm «Master of Science in Intercultural Management»)

43 *Lufthansa*, *Disneyland* und die Hotelgruppe *Grupo Sol* beispielsweise führen gemeinsam und grenzüberschreitend interkulturelles Training durch.

44 Ettorre, Barbara (1993), S. 15

45 Phatak, Arvind V. (1992), S. 174

46 Moran, Robert T. / Harris, Philip R. / Stripp, William G. (1993), S. 29

Literatur

ADLER, Nancy J. (1997): *International Dimensions of Organizational Behavior*, 3. Aufl., Cincinnati 1997

ASANTE, Molefi K./GUDYKUNST, William B. (1989): *Handbook of International and Intercultural Communication*, Newbury Park 1989

BARTLETT, Christopher A./GHOSHAL, Sumantra (1998): *Managing Across Borders: The Transnational Solution*, Boston 1998

BENNETT, Milton J. (1994): *Towards Ethnorelativism: A Developmental Model of Intercultural Sensitivity*, in: *Education for the Intercultural Experience*, hrsg. v. Michael PAIGE, Yarmouth 1994, S. 21–71

BERGEMANN, Niels/SOURISSEAUX, Andreas L. J. (1996): *Interkulturelles Management*, 2. Aufl., Heidelberg 1996

BITTNER, Andreas/REISCH, Bernhard (1994): *Interkulturelles Personalmanagement*, Wiesbaden 1994

BITTNER, Andreas/REISCH, Bernhard (1994): *Aspekte interkulturellen Managements*, Bd. 1 und 2, Bad Honnef 1994

BLACK, J. Stewart/GREGERSEN, Hal B./MENDENHALL, Mark (1992): *Global Assignments: Successfully Expatriating and Repatriating International Managers*, San Francisco 1992

BRISLIN, Richard W. (1986): *A Culture General Assimilator: Preparation for Various Types of Sojourns*, in: *International Journal of Intercultural Relations*, 10. Jg. 1986, S. 215–234

BRISLIN, Richard W./YOSHIDA, Tomoko (1994): *Improving Intercultural Interactions: Modules for Cross-Cultural Training Programs*, Thousand Oaks/London/New Delhi 1994

BRISLIN, Richard W./YOSHIDA, Tomoko (1994a): *Intercultural Communication Training: An Introduction*, Thousand Oaks/London/New Delhi 1994

DÜLFER, Eberhard (1997): *Internationales Management in unterschiedlichen Kulturbereichen*, 5. Aufl., München/Wien 1997

ELASHMAWI, Farid/HARRIS, Philip R. (1993): *Multicultural Management: New Skills for Global Success*, Houston 1993

ENDRUWEIT, Günter (1981): *Integration oder Interkulturation? Soziologische Hypothesen zum Identitätsproblem türkischer Arbeitnehmer und ihrer Familien in Deutschland*, in: *Zeitschrift für Kulturaustausch*, 31. Jg. 1981, S. 261–267

FAYERWEATHER, John (1969): *International Business Management: A Conceptual Framework*, New York 1997

FORD, John B./HONEYCUTT, Earl D. (1992): *Japanese National Culture as a Basis for Understanding Japanese Business Practices*, in: *Business Horizons*, 35. Jg. 1992, Nr. 6, S. 27–34

FOWLER, Sandra M./MUMFORD, Monica G. (1995): *Intercultural Sourcebook: Cross-Cultural Training Methods*, Bd. 1, Yarmouth 1995

GERTSEN, Martine C. (1990): *Intercultural Competence and Expatriates*, in: *International Journal of Human Resource Management*, 1. Jg. 1990, Nr. 3, S. 341–362

GROVE, Cornelius L./TORBIÖRN, Ingemar (1985): *A New Conceptualization of Intercultural Adjustment and the Goals of Training*, in: *International Journal of Intercultural Relations*, 9. Jg. 1985, S. 205–233

GRUNBERG, Leon (1981): *Failed Multinational Ventures*, Lexington 1981

HAIRE, Mason/GHISELLI, Edwin/PORTER, Lyman (1966): *Managerial Thinking – An International Study*, New York 1966

HALL, Edward T. (1990): *The Hidden Dimension*, Reprint der Erstausgabe von 1966, New York 1990

HALL, Edward T./HALL, Mildred R. (1990): *Understanding Cultural Differences*, Yarmouth 1990

HARRIS, Philip R./MORAN, Robert T. (1991): *Managing Cultural Differences*, 3. Aufl., Houston 1991

HILB, Martin (1999): *Integriertes Personal-Management*, 6. Aufl., Neuwied 1999

HOFSTEDE, Geert (1984): *Culture's Consequences*, Newbury Park/London/New Delhi 1984

HOFSTEDE, Geert (1997): *Lokales Denken, globales Handeln: Kulturen, Zusammenarbeit und Management*, München 1997

KANTER, Rosabeth M. (1991): *Transcending Business Boundaries*, in: *Harvard Business Review*, 69. Jg. 1991, Mai/Juni, S. 151–164

KELLER, Eugen von (1982): *Management in fremden Kulturen*, Bd. 10, Stuttgart 1982

KEOGH, Alf (1997): *Strategien für globales Lernen und globale Integration*, in: *Globalisierung: Von der Vision zur Praxis*, hrsg. v. Enid KOPPER und Rolf KIECHL, Zürich 1997, S. 159–180

KOPPER, Enid (1996): *Multicultural Workgroups and Project Teams*, in: *Interkulturelles Management*, 2. Aufl., hrsg. v. Niels BERGEMANN und Andreas L. J. SOURISSEAUX, Heidelberg 1996, S. 229–252

KOPPER, Enid/KIECHL, Rolf (1997): *Globalisierung: Von der Vision zur Praxis*, Zürich 1997

LANDIS, Dan/BHAGAT, Rabi S. (1996): *Handbook of Intercultural Training*, 2. Aufl., Thousand Oaks 1996

Lewis, Jordan D. (1991): *Strategische Allianzen*, Frankfurt/New York 1991

Lichtenberger, Bianka (1992): *Interkulturelle Mitarbeiterführung*, Stuttgart 1992

Lustig, Myron W./Koester, Jolene (1996): *Intercultural competence: Interpersonal Communication Across Cultures*, 2. Aufl., New York 1996

Mead, Richard R. (1994): *International Management: Cross Cultural Dimensions*, Cambridge 1994

Mendenhall, Mark/Punnett, Betty J./Ricks, David A. (1995): *Global Management*, Cambridge und Oxford 1995

Moosmüller, Alois (1996): *Interkulturelle Kompetenz und interkulturelle Kenntnisse. Überlegungen zu Ziel und Inhalt im auslandsvorbereitenden Training*, in: *Mit der Differenz leben*, hrsg. v. Klaus Roth, Münster 1996, S. 271–290

Moran, Robert T./Harris, Philip R./Stripp, William G. (1993): *Developing the Global Organization*, Houston 1993

Oberg, Kalvero (1960): *Cultural Shock: Adjustment to New Cultural Environments*, in: *Practical Anthropology*, 7. Jg. 1960, S. 177–182

Phatak, Arvind V. (1992): *International Dimensions of Management*, 3. Aufl., Belmont 1992

Punnett, Betty J./Ricks, David A. (1992): *International Business*, Boston 1992

Ricks, David A. (1993): *Blunders in International Business*, Cambridge 1993

Scherm, Ewald (1995): *Internationales Personalmanagement*, München 1995

Scholz, Jörg M. (1995): *Internationales Change-Management*, Stuttgart 1995

Szalay, Lorand B. (1981): *Intercultural Communication – a Process Model*, in: *International Journal of Intercultural Relations*, 5. Jg. 1981, S. 133–146

Thom, Norbert (1987): *Personalentwicklung als Instrument der Unternehmungsführung*, Stuttgart 1987

Thom, Norbert (1992): *Personalentwicklung und Personalentwicklungsplanung*, in: *Handwörterbuch des Personalwesens*, 2. Aufl., hrsg. v. Eduard Gaugler und Wolfgang Weber, Stuttgart 1992, S. 1676–1690

Thomas, Alexander (1988): *Untersuchungen zur Entwicklung eines interkulturellen Handlungstrainings*, in: *Psychologische Beiträge*, Bd. 30, 1988, S. 147–165

Thomas, Alexander (1989): *Interkulturelles Handlungstraining in der Managerausbildung*, in: *WiSt Wirtschaftswissenschaftliches Studium*, 18. Jg. 1989, Nr. 6, S. 281–287

Thomas, Alexander (1996): *Aspekte interkulturellen Führungsverhaltens*, in: *Interkulturelles Management*, 2. Aufl., hrsg. v. Niels Bergemann und Andreas L. J. Sourisseaux, Heidelberg 1996, S. 35–58

Thomas, Alexander/Hagemann, Katja (1996): *Training interkultureller Kompetenz*, in: *Interkulturelles Management*, 2. Aufl., hrsg. v. Niels Bergemann und Andreas L. J. Sourisseaux, Heidelberg 1996, S. 173–199

TUNG, Rosalie L. (1991): *Expatriate Assignments: Enhancing Success and Minimizing Failure*, in: *Readings and Cases in International Human Resource Management*, hrsg. v. Mark MENDENHALL und Gary ODDOU, Boston 1991, S. 205–220

WEIDMANN, Wilhelm F. (1995): *Interkulturelle Kommunikation und nationale Kulturunterschiede in der Managementpraxis*, in: *Internationales Change-Management*, hrsg. v. Jörg M. SCHOLZ, Stuttgart 1995, S. 39–65

WELGE, Martin K. / HOLTBRÜGGE, Dirk (1998): *Internationales Management*, Landsberg 1998

WIRTH, Ekkehard (1992): *Mitarbeiter im Auslandseinsatz*, Wiesbaden 1992

Stichwortverzeichnis